Eugen Roth
Sämtliche Werke 2

Eugen Roth
Sämtliche Werke

Zweiter Band
Gedichte

Hanser Verlag

ISBN 3-446-12340-7
Einmalige Sonderausgabe der Harenberg Kommunikation
Alle Rechte vorbehalten
© 1977 für Sämtliche Werke
Carl Hanser Verlag München und Wien
Umschlag Klaus Detjen
Gesamtherstellung
May & Co Nachf., Darmstadt
Printed in Germany

Die Dinge
die unendlich uns umkreisen

Die Fahrt

Tagsüber war Musik an allen Borden
Und muntere Schiffe gaben Dir Geleit.
Der Strom war schwer von rauschenden Akkorden;
Doch ist es seitdem lange still geworden
Und keinen findest Du zur Fahrt bereit.

Sie gehn und scheiden; da ist kein Getreuer.
Der Abend tönt, und einsam gleitest Du,
Die müden Hände hoffnungslos am Steuer,
Vorbei dem letzten Turm und seinem Feuer,
Des Meeres unermessnen Stürmen zu.

Die Verwehten

Dies sind Tage, die uns langsam töten.
Stunde geht um Stunde und zerbricht,
Und kein neuer Tag bringt neue Sicht,
Keines Morgens Antlitz will sich röten,
Und wir finden uns're Wege nicht.

Keiner Zukunft Winken kann uns trösten,
Unentrinnbar in den Tag gedrängt,
Der mit Schmerz und Freude so behängt,
Daß wir nie uns aus den Schleiern lösten,
Gehen wir, in fremde Spur gezwängt.

Wir beginnen schwer auf uns zu lasten,
Fühlen mitten in der Jahre Flucht
Jedes fallen, jäh, in dumpfer Wucht,
Wie wenn Winde in die Bäume faßten,
Und es stürzte ungereifte Frucht.

Kaum, daß Abende uns so verschönen
Voll von Freundschaft und von Glanz der Frau'n,
Daß wir uns zu reiner Tiefe stau'n,
Daß wir wachsend in die Leere tönen
Und die toten Stunden von uns tau'n.

Wenn wir in dem Meer der Nacht zerfließen,
Wird uns nur ein Traum von Glück zuteil.
Nacht ist Bogensehne nur, um steil
Uns in einen neuen Tag zu schießen
Und wir sind nur Spur und irrer Pfeil.

Nutzlos hingegossen in die Jahre
Ganz entwachsen mütterlichem Schoß
Reißen wir vom letzten Ufer los –
Schütteln Sehnsucht leise aus dem Haare,
Stehen auf der Erde, fremd und groß.

HEIMWEG

O Einsamkeit des abendlichen Nachhausegehens!
Die Scherben des zerbrochenen Tages
Klirren bei jedem Schritt, und Schmerz fällt
Weh aus Dir, wie Laub aus herbstlichen Bäumen.

Freundeswort sehnst Du und zärtliche Liebe der Frauen,
Weißt, daß viele sind, die Dich trösten wollen,
Aber Du weinst und willst nicht getröstet sein,
Gehst, bis rauschend die Nacht über Dich niederfällt

Und Schmerz und Nacht, ein tönendes Meer,
Weit Dich hinaus in Unendlichkeit wiegen.

DIE STADT

Wind blies die letzten Lichter aus der Stadt;
Doch ist der Nebel weiß vom Mond durchträuft.
Im Straßenwirrsal, das im Dunst verläuft,
Hängen die Häuser, traumzerquält und matt.

Nur meine Straße strömt erhaben breit
Und ist ein Teppich zu dem steinern' Tor:
Das ragt unendlich in die Nacht empor,
Der hohe Bogen ist für mich bereit.

Paläste stehen, wie Besiegte stumm,
Erstarrt in Würde, die sie nicht verließ.
Und nur der Dom, der in den Himmel stieß,
Nahm einen Mantel wie von Demut um.

Kaum daß am Tor sich meine Schritte stau'n.
Mein Gang wird hart, und ehern tret' ich ein:
Und diese große Stadt ist mein, ist mein
Mit Haus und Turm, mit Schätzen, Schlaf und Frau'n.

Die Brücke

Sie steigt mit frostig eingekrümmtem Rücken
Und mit gestelzten Beinen in den Fluß.
Mißmutig, daß sie sich nur immer bücken
Und dies Gewühl von Leuten tragen muß.

Erst wenn die Nacht mit ihren dunklen Netzen
Die Menschen in die dunklen Häuser fängt,
Daß sie sich nicht mehr durch die Straßen hetzen:
Dann steht die Brücke leicht und froh zersprengt.

Ein einsam Schreitender kommt noch gegangen,
Schaut in den Fluß, oder ein Liebespaar,
Die hält wie eine Mutter sie umfangen
Und wiegt sie auf den Wassern wunderbar,

Daß sie wie Träumende hinüberschreiten.
Die Brücke tönt wie eine Melodie,
Indes die kleinen Wellen schluchzend gleiten
Und leis und zärtlich um ihr wundes Knie.

Vorfrühling im Arbeiterviertel

Frauen
Kommen leise an die Fenster,
Wenn beglänzter
Aus dem Blauen
Weiße Wolkenlämmer schauen.
Fühlen lang verdorrte Sehnsucht tauen,
Lächeln wieder, wie ganz junge Frauen,
Sinken dann verlöschend in das Haus.

Aus der Tiefe des verzweigten Bau's
Strömen Kinder, die sich lärmend stauen.
Mädchen suchen im verwaschenen Gras
Erste Blumen. In die kahlen Bäume
Hängen sie die zarten Frühlingsträume.
Knaben suchen Wolken zu erfassen. –

Sonne ist noch kalt und dünn wie Glas.
Und die grauen
Häuser strecken nach den blassen
Kindern schon die welken Hände aus.

NEBLIGER ABEND

Im Nebel schwimmt die lange Straßenzeile.
Unruhig schwankt ihr Ende, losgerissen –
Nur ein paar Lichter weisen in den Raum.

Dein Blick steigt auf bis zu den letzten steilen
Turmspitzen, die so hoch sind, daß sie kaum
Um unser Tasten in den Tiefen wissen.

Doch, wie die Abendglocken niederklingen,
Kommt Dir in all der Starrheit dunkler Glaube
Der Dich unnennbar süß als Traum durchbebt.

Die Lampe hoch im Dunst scheint Gottes Taube,
Die auf Dein Haupt verheißend niederschwebt
Und tiefste Weihe will ins Knie Dich zwingen.

In diesen Nächten...

In diesen Nächten wohnt ein Ungeheuer,
Das frißt die Sterne, die wir pflücken wollten,
Schwelt in die Himmel seines Atems Feuer,
Verpestet Luft der süßen Abenteuer,
Die eben uns mit Lust erfüllen sollten.

Aufzischen Lichter und verlöschen jähe,
Und Nebel tropft wie Gift auf jeden Pfad,
Daß keiner mehr des andern Drängen sähe,
Nicht spürte mehr den Hauch der lüstigen Nähe,
Die Stimm' nicht fände, die im Dunkel bat.

Die Menschen gehen fremd durch tiefe Gassen,
Gestürzt in Schluchten weher Einsamkeit;
Sie fühlen ihre Hände ganz verlassen,
Keiner ist nahe, um sie anzufassen,
Und keine Türe ist für sie bereit.

Nur wenige, die sich in heißen Betten
In Lust gepaart, zu engem Schlaf gesellen,
Daß ihrer Leiber Rausch die Nacht zerglühe,
Vermögen vor dem Dunkel sich zu retten.
Sie aber werden feindlich aufstehn und zerschellen
Im stählern Glanz der ersten reinen Frühe.

HEIMGANG IM FRÜHLINGSMORGEN

Wie war vom hundertfachen Gange
Der Weg uns wie im Traum vertraut.
Die Gärten wurden vom Gesange
Der ersten Amseln tönend laut.

Der Morgen stand schon an der Schwelle,
Wir schritten selig bis zum Tor;
Da stieß er brandend seine Helle
In alle Himmel steil empor.

Die Türme fingen an zu blühen,
Licht brauste in der Straßen Schacht,
In alle Wolken stieg ein Glühen,
Aus allen Fenstern fiel die Nacht.

Wir standen, nah wie nie verbündet,
Und mit dem Tag wuchs Dein Gesicht,
In solcher Stunde Glanz gemündet,
Umglitzert und umklirrt von Licht.

Die ganze Stadt begann zu tönen,
Die Straßen wiesen weit hinaus,
Die Bäume wollten sich bekrönen –
Und wie ein Tempel stand Dein Haus.

STADT OHNE DICH

Alle Straßen fallen müd zusammen,
Seit Dein Leuchten sie nicht mehr zerteilt;
Keine Sonne kann sie mehr entflammen,
Wie sie auch sich in die Schluchten keilt.

Alle Häuser haben tote Blicke,
Seit Dein Glanz sie nicht mehr überschwemmt,
Traurigkeit unendlicher Geschicke
Fällt aus allen Fenstern starr und fremd.

Menschen rinnen zäh durch Einsamkeiten,
Tausendfach im Boden dumpf verklebt;
Keiner, dem sich so die Augen weiten,
Daß er sie verzückt zum Lichte hebt.

Durch die Straßen wehn viel hundert Frauen,
Aber keine, Liebste, ist wie Du.
Abendwolken, die ins Dunkel schauen,
Fallen müd wie meine Augen zu.

NÄCHTLICHER WEG

Von Nebeln ist die Stadt verstopft,
Der Schritt, der sich an Häusern bricht,
Durch regenmüde Straßen klopft.
Aus windbewegten Lampen tropft
Auf unsern Weg ein dünnes Licht.

In breiten Lachen liegt es dort,
Zerrinnt am wässrigen Asphalt,
Wir aber gehen immer fort.
Du bist drei Schritte von mir fort,
In Nacht ertrunkene Gestalt.

Ich ahne, was Dein Mund jetzt spricht.
Vielleicht ein liebes Wort zu mir.
Ich bin wie Stein und hör'es nicht,
Ich bin wie Glas und fühl' es nicht
Und finde keinen Weg zu Dir

Und ist nur dreien Schritte weit.
Ich schreite starr, ich schreite stumm,
Ich weiß durch alle Einsamkeit,
Ich geb' Dir durch die Nacht Geleit
Und weiß doch nicht warum.

Fühlst Du denn nicht, wie tief und bang
Mein Herz nach Deinem Herzen sucht?
Dies ist der letzte, schwerste Gang.
Der Weg ist nur drei Schritte lang:
Doch ohne Ende ist die Flucht...

Du wirst mich immer rauschender durchtönen,
Bis deinem Sang die letzte Sehnsucht schweigt.
Du wirst die müden Nächte mir verschönen,
Silberner Mond, dem dunklen Teich geneigt.
Du wirst ein Baum mich kahlen Felsen krönen
Voll lichter Wunder, tausendfach verzweigt:
O dunkles Wasser ich und starrer Stein!
Was frommt mir Glanz? Brich ein in mich, brich ein!

Schon sind wir tiefer in uns selbst gemündet,
Voll süßen Staunens schließen wir uns ein.
So unzertrennlich sind wir uns verbündet,
Daß jeder Schale ist und jeder Wein.
Wie sich der bunte Kranz von Tagen ründet,
Als müßte ewig um uns Sonne sein.
Sind wir nicht selber Licht, verzückt gestellt
Mitten ins Dunkel dieser fremden Welt?

UND ES IST oft schon ein Hinüberneigen
Und eine drängend süße Trunkenheit,
Als rührte Wind in fruchtbeschwerten Zweigen
Im tiefen Wissen ihrer reifen Zeit.
Wir fühlen unseres Blutes Säfte steigen
Und wie des Lebens heiße Inbrunst schreit!
O Bäume nur, darin die Winde wehen:
Reif fällt die Frucht, wir bleiben dorrend stehen.

DA ICH MICH schon wie ein Gewölke ballte,
Hast Du wie Frühlingswind mich sanft zerstreut.
Wie bot ich Deinem Hauch die letzte Falte,
Wie hast Du mich durchdrungen und erneut.
Und seliger Ton wardst Du, der mich durchhallte
Wie fern von Turm zu Türmen ein Geläut.
Befreiter Abend war ich hingegossen
Durch den wie Vögel licht die Träume schossen.

DIE DEMUT ließ mich nicht mehr höher ragen.
Vor soviel Reinheit ward ich zum Gebet.
Die alten Götzen habe ich zerschlagen,
Ich bin Altar, darauf Dein Bildnis steht.
Doch bin ich fast zu bange, Dich zu tragen,
Ein armer Mensch nur, der im Dunkeln geht:
Da fällt ein Strahl von Deinem Angesichte
Und ich bin groß und schreite frei im Lichte.

DIE DINGE, die unendlich uns umkreisen,
Sie scheinen alle plötzlich still zu stehen.
Da ist Musik von Tritten, wunderleisen,
Du winkst mir, wie im Traum, zu dir zu gehen.
Da stehst Du, einen Weg hinauszuweisen
Und Deine Hände leuchten vor Geschehen:
Nun seh ich's auch: Gesprengt das Tor der Zeit
Und lichte Brücken hängen himmelweit.

Die Glühenden

Sie sind süß von Sehnsucht überfallen,
Und ein Zittern geht durch ihren Schoß.
Kleider sind wie Zunder: Sie steh'n bloß
In entflammter Nacktheit steil vor allen.

Und sie spüren Lust in allen Worten,
Wind rührt sie wie Hand und Lippe an.
Allem Drängen sind sie aufgetan,
Wie nur leise angelehnte Pforten.

Und sie sind durchwühlt von heißen Küssen,
Hingestürzt in trunk'ner Träume Schacht,
Wie ein Gott sinkt in sie ein die Nacht,
Daß sie sich im Bett verklammern müssen.

Frau am Fenster

Um Dein Gesicht
Ist noch Gefunkel.
Da strömt, des Tages letzte Spende,
Berauscht das Licht.
Doch Deine Hände
Tauchen verlöschend schon ins Dunkel.

Und dies bist Du:
Dies, was mich quält:
Dein lichtes Haupt zu sehen
Die Augen zu
In Glanz gestählt
Nicht Hände, die wie Brücken gehen.

Wer darf Dir nahen?
Die Augen blinden,
Die je Dich sahen.
Den Weg kann keiner finden.
O neige tief zum Schatten dein Gesicht.
Die Hände tauche segnend in das Licht.

NÄCHTLICHE ZWIESPRACHE

Deine Seele gleitet blaß von ferne...
Hörst Du nicht mein Rufen durch die Sterne?

»Wohl. Ich habe Dich vernommen, Rufer;
Wir Entgleitenden sind ohne Ufer.«

Nacht für Nacht, von weher Glut entzündet,
Rage ich, daß einer in mich mündet.

»Wir sind kühl und Ihr habt heiße Herzen:
Wir sind Wind und löschen Eure Kerzen!«

Mich verzehrend muß ich so verbleichen.
Lösche mich, statt in die Nacht zu weichen!

»Wir verlernten, ruhelos vertrieben,
Meidend Hassen und umschließend Lieben.«

Was man sehnt, will ferne sich entrücken.
Was man hält, vermag nicht zu beglücken.

»Was beglückt, oh, wer vermag's zu halten?
Wer noch sehnt, muß lernen zu erkalten.«

ABEND

Abendliche Seele, von der Last
Unbarmherzigen Tagewerks entbunden,
Hält unendlich Rast.

Tausend Wege durch das Dunkel weisen,
Tausend Sterne in den Himmeln kreisen

Doch sie hat mit sicheren und leisen
Schritten tiefer in sich selbst gefunden,

Hält den Kranz der unberührten Stunden
Selig lächelnd wie im Traum umfaßt...

DIE WELLE

Und wir sind nur der krause Kamm der Welle,
Zu unerhörtem Wollen aufgesteilt,
Und tausendfach zerfließend und zerteilt,
Aufdrängend in des Tages blaue Helle,
Bald übereilend und bald übereilt.

Doch wie wir wachsend uns zum Lichte heben,
Fließt schon die dunkle Woge, schwer und breit,
Und überspült uns, rascher Schwall der Zeit,
Dem neue Wasser rauschender entschweben:
Und wir sind Tiefe und Vergangenheit.

GOTISCHER DOM

Am Morgen

Zerstäubt in Sonne wirft der Dom
Die steinern' Arme aufwärts wie Raketen.
Mit allen Glocken fängt er an zu beten
Und mit der Inbrunst seiner steilen Türme
Greift er hinauf, daß er den Gott bestürme.

Tief unten in den Bau die Menschen treten,
Und wachsen brandend an, ein dunkler Strom.

Die Hallen reißen auf von Orgelchören:
»Gott muß uns hören!«
Gesang von tausend Stimmen schreit.

Und er steigt nieder bis zur steinern' Schwelle,
Und schleudert wie ein Zeichen seine Helle
Hin durch der Fenster bunte Dunkelheit.

Und läuft durch alle, eine heilige Welle,
Und reißt sie stürmend in Unendlichkeit.

AM MITTAG

Nun, da der Gott, den er herabgefleht,
Den er vom Himmel riß in reiner Frühe,
Entfremdet auf der trägen Erde steht
Und müde lächelnd durch die Gassen geht,
Verdrängt von jedem Bürger ohne Mühe:

Weiß nur der Dom um seine Majestät.

Der Stein ist mittagsgrell, als ob er glühe,
Und welk und schal, als eine zähe Wolke
Des Morgens Weihrauch durch den Chor hinweht:

Kühl blieb der Hauch, der durch die Hallen geht.

Und Gott tritt ein, froh, daß er einsam steht
Und daß er sich gerettet vor dem Volke.

Am Abend

Die Häuser unten sind in Nacht gefallen.
Die Lichter blinken demutbang im Grund:
Da steht der Dom verachtend über allen.

Und überall erwachen alte Geister,
Werkleute, noch nach Feierabendstund',
Gerufen von dem unsichtbaren Meister:
Und zuckend wachsen in das Licht Fialen.
Und jeder Pfeiler strebt und wird zum Pfeil.
Wimperge treiben ihren spitzen Keil
Hinauf! Hinauf! Und jeder Stein steht steil
Dem Gotte zu und seinen letzten Strahlen.
Das Maßwerk blüht empor in tausend Zweigen,
Und tausend Säulen steigen
Ins Licht, das auf des Turmes Stirne steht.

Der aber merkt es, daß ihn Gott verlassen,
Schon fühlt er sich erblinden und erblassen
Und von dem kalten Hauch der Nacht durchweht.
Und seiner Glocken Stimme wird zum Schrei.
Die Menschen drunten wähnen noch, es sei
Gebet.
Er aber brüllt hinaus mit irrem Munde.
Der Himmel schließt, gestirnt und stählern blau.
Da weiß er es, dies ist die schwere Stunde,
Und welk und grau
Erloschen hängt in zähe Nacht der Bau.

REGNERISCHER HERBSTTAG

Er ist so unfroh heute aufzuragen
Und steil zu sein.
Er möchte heute wie die Häuser unten
Durchwärmt von bunten
Heimlichen Lichtern sein,
Und schwach und klein.

So aber muß er, aufgetürmter Stein,
Sich in das müde Grau des Herbstes wagen,
Und ganz allein
Und ohne Trost die tote Stunde tragen.

Das Wasser rinnt und tropft von Stein zu Stein...
Und von dem steilen Grat der Dächer schießen
Rinnsale in der Wasserspeier Rachen.
Doch seine Türme kann er nicht verschließen,
Der Regen steht in tiefen, stumpfen Lachen...

Nun wird es Abend. Und kein Sonnenschein.
Nur Nebel, die sich an den Pfeilern spießen...

DER TURM

Sie haben oft bei ihrem Werk gerastet,
Als sie sich Stock um Stock hinaufgetastet,
Und schon hat ihnen vor der Tat gegraut,
Als sie behutsam Stein auf Stein gelastet.

Sie sahen schwindelnd die Gerüste steigen,
Entwachsend schon der Stadt und Lärm und Laut
Emporgeblüht ins unermeßne Schweigen
Und ganz vom neuen Tage überblaut.

Da ahnten sie, daß Gott in ihnen baut.

Am letzten Tag, sie schweigen mit dem Hämmern,
Da faßten sie es erst, was sie vollbracht.
Sie sahen Stadt und Land im Dunst verdämmern
Und über ihnen wuchs die Sternennacht;
Sie fühlten näher Gottes Atem wehen
Und waren schon durchwühlt von seinem Sturm.

Und ihnen war's, sie müßten schweigend gehen
Und sich die tausend Stufen abwärts drehen.

Sie blickten scheu empor und sah'n ihn stehen
Wie eine Himmelsleiter hoch: Den Turm.

ROMANTISCHE PFORTE

Die Schwelle ist von tausend Füßen abgeschliffen,
Von tausend Händen sind die Pfeiler abgegriffen,
Demütiger Schacht durch harten Mauerstein.

Als hätten Beter durch ihr harrend Pochen
In tausend Jahren erst den Weg erbrochen
Zu ihres Gottes heiligem Schrein.

Der steinerne Heilige spricht:

Ich stehe hier, gezwungen in den Stein,
Und kann nur meine starren Hände falten.
Ich möchte wieder sein Verkünder sein.

Die Menschen strömen in die Kirche ein
Und glauben, durch ihr Beten und ihr Singen
Den Wirkenden in ihrem Kreis zu halten.

Doch, wer ihn halten will, muß mit ihm ringen.

Sie aber sitzen stumpf gedrängt und warten,
Und haben Aug' und Ohr vor ihm verstopft,
Bis er mit erznen Fäusten ihre harten
Gelassnen Schalen voller Zorn zerklopft
Und seine Gnade leuchtend sie durchtropft.

Noch aber sind sie nichts als toter Stein
Und können nur die steilen Hände falten.

Dürft ich noch einmal sein Verkünder sein!

Das Licht

Wir haben ein Licht in die Mitte gestellt,
Daß uns das Dunkel nicht überfällt.
Wir fassen die Nacht, doch sie faßt uns nicht,
Wir sind verbündet in diesem Licht,
Das uns schwebend über den Tiefen hält,
Dies einsame, singende Kerzenlicht:
Um uns ist Welt.

Wir Armen, wir stehn in der Mitte nicht,
Wir Kreisenden, die kein Leuchter hält.
Wir sehen uns tief in das Angesicht,
Und in jedem Gesicht ist ein Glanz von Licht,
Der in die Herzen der anderen fällt.
Und wenn wir uns wenden hinaus in die Welt,
So wissen wir, hinter uns leuchtet das Licht,
Und fühlen uns in die Mitte gestellt.
Und wir sind Ruhe und sind Gewicht
Und halten, von unserem Lichte erhellt,
In Händen die Welt.

DER BAU

Wir bauen schon an diesem Haus
Seit tausend, abertausend Tagen,
Und seh'n es wachsen hoch hinaus
Und steigend in die Sterne ragen.
Verloren ging des Meisters Wort,
Und keiner ahnt: Wann wird es enden;
Wir aber bauen immerfort
Mit müdem Sinn und regen Händen.
Wir haben keine Zeit, zu ruh'n,
Als ob *wir* es vollenden müßten,
Wir uns're harte Arbeit tun
Und sterben hoch in den Gerüsten.
Kaum, daß von Sehnsucht jäh geschwächt,
Wir innehalten mit dem Fronen:
Wann kommt das selige Geschlecht,
Bereit zu ruhen und zu wohnen!?

NACHTWACHE

Wir haben viel ergründet
Und haben viel erdacht,
Wir haben uns verbündet
Und unser Leid verkündet –
Und haben nichts vollbracht.
Wir standen auf der Wacht.
Das Licht war angezündet,
Wir glaubten uns entfacht
Und löschten aus. Geründet
Wuchs neu um uns die Nacht.

Wohl ahnen wir die Nähe
Und brechen dennoch nicht,
Daß Gott uns leuchen sähe
Durch seine Nacht, die zähe,
Mit unserm kleinen Licht.
Wenn manchmal einer spricht,
Entflammt durch eine jähe
Erleuchtung das Gesicht:
Ist's uns als ob's geschähe
Und um uns würde Licht.

Dann sitzen wir mit bleichen
Lippen und atmen schwer.
Und dies ist wie ein Zeichen,
Daß wir die Hand uns reichen
Und sind nicht Fremde mehr.
Sind wie ein großes Heer
Und wissen um die Gleichen,
Und strömen wie ein Meer
Dem alle Ufer weichen
In Gottes Wiederkehr!

Der Anfang

Brüder, da wir die ersten sind,
Laßt uns beginnen!
Um unsere Stirnen weht ein neuer Wind
Und neues Feuer brennt in unseren Sinnen.

Wir brauchen nicht mehr unsere Hände falten.
Wir dürfen schon die gefüllten Schalen halten.
Fühlt den vieltausend Jahre alten
Dunst vor unserem Schreiten zerrinnen,
Seht, was wir nicht mehr sind!
Wir, die wir gestern noch als ein Kind
Der Alten, der Kalten, Erloschenen galten.

Wir haben tausend Himmel zerspalten,
Wir stehn vor dem Throne der höchsten Gewalten:
Wir sind gekommen, wir sind!

Eh' sich die Himmel zusammenfalten,
Eh' unser Geist verbrennt, eh' unsere Herzen erkalten,
Beginnt! Beginnt!

VERBRÜDERUNG

Bruder, gehst Du auch den Pfad,
Daß er steil uns aufwärts trage
Aus dem Rauschen dieser gleichen Tage,
Bis wir Gott genaht?
Um mich dröhnt die tiefe Stille.
Wir zersprengten in der Dunkelheit:
Hörst Du mich, wenn meine Seele schreit?
Wie ein Weg ist mir Dein Wille,
Wie ein Stab sei Dir, o Bruder, meine Tat,
Bis wir Gott genaht.

Warum, Bruder, muß ich oft nicht weinen,
Wenn Du letzte Qual der Seele weinst?
Weißt Du auch, ob wir dasselbe meinen,
Wenn Du Sehnsucht oder Gnade meinst?
Bruder, sind wir noch so weit?

Zwischen uns ist Welt und Taggeschehen.
Sieh mich an. Und gib mir Deine Hand.
Laß mich nah an Deiner Seite stehen:
Ja, wir sind.
Immer, Bruder, hab' ich dich gekannt.
Hergewandert sind wir durch die sausende
Heiligalte Stille der Jahrtausende.
Tage wehen wie ein Wind.
Ich seh steil Dein Antlitz aufgewandt:
Sonne stürzt sich jauchzend ins Gestein,
Menschen strömen jubelglänzend ein,
Greifen, Bruder, nach meiner und nach Deiner Hand.
Gott hat seine brausende Stimme nach uns ausgesandt.

STIMMEN DER MENSCHEN

Gesang der Jünglinge

Wir tragen die Speere   In Händen die Jugend,
Wir gehn durch die Tage,   Die unser noch nicht sind,
Mit fremdem Blick.   Die wissenden Augen
Sehen ein Licht,   Das fernher leuchtet.

Wir ahnen die Stunde,   Die kommen muß,
Deren Gewalt uns   Zusammenwirft
In eine große   Verbrüderung.
Wir fühlen nahe   Göttlichen Sturmwind.

Wir wissen den Weg   Und wollen nicht klagen,
Daß wir allein gehn,   Von Welt zerklüftet,
Von tausendfachen   Begierden umstellt.

Noch sind uns Frauen   Last nur und Untergang.
Nicht dürfen wir greifen   Nach Schwesterhänden,
Ehe wir nicht   Unsere Brüder gefunden.

Daß wir nicht Frauen,   Die wartend am Wege stehn,
Unsere Jugend   In den Schoß hinwerfen,
Träumend davongehn,   Schwer von Erinnerung
Und arm wie Bettler   An heiliger Kraft.

Aber schon brennen   Höher die Flammen,
Unsere Speere   Leuchten im Frührot,
Und wir durchbrechen   Machtvoll die Himmel.

Schwestern, Geliebte!   Wir kommen als Sieger,
Euch zu befreien   Und lächelnd zu münden
In Euere Güte   Und Eure Wollust,
Um zu erfüllen   Unser Geschlecht!

Gesang der Frauen

Wir möchten als Kämpfer   Neben Euch schreiten
Unendliche Wege.   Wir möchten aufsteilen
Zu Euerer Freiheit,   Zu Euerer Kraft:
Doch wir entwurzeln   Ohne die Demut.

Wir sehen Euch leiden   Um uns auch, Brüder
Und wissen es dennoch,   Entwachsen dem Schoße
Darf Euer Weg nicht,   Eh er vollendet,
Zurück sich biegen   In unseren Schoß.

Allzuoft fällt uns   Die heiße Lust an,
Daß wir Euch zögen von   Eueren Taten
In unsere Liebe.   Ihr aber schreitet
Weiter und laßt uns   Zerbrochen zurück –.

Wir wollen die Fülle   Reif in uns sammeln
Im tiefen Wissen: Ihr werdet kommen,
Wenn unsere Zeit ist.   Dann sind wir Erfüllung,
Eins mit Euch geworden   Im neuen Geschlecht

Erde der Versöhnung
Stern

Du bist schon lange nicht mehr Dein.
An tausend Dinge die Du liebst
An alle Lust und alle Pein
Bist Du schon lange weggeschenkt.

An jeden Freund der an Dich denkt,
An jede Frau der Du dich gibst.

Doch wenn die Nacht wie betend schweigt
Strömt Dir der schwere Reichtum zu
Daß sich Dein Haupt dem Glücke neigt
In Demut und in süßer Scham,

Weil alles schöner wiederkam:
Und Welt und Frau und Freund bist Du!

IMMER STEHT noch der goldene Stern
Im zitternden Abend.
Die schwarzen Bäume
Rauschen furchtsam in Deinem Herzen.

Immer noch gehst Du durch ziellose Straßen,
Als hofftest Du
Einmal der Frau zu begegnen vor der Du
Wortlos die Stirne
In die zuckenden Hände beugtest.

Immer noch bricht über Dich die Nacht ein
Die morgenschwangere.
Aber wenn einer Dich fragt nach den Tagen
Schwimmt Dir das Auge aus träumender Tiefe
Und Du mußt weinen.

Immer noch tust Du die schmählichen Werke
Wirfst die Schollen der toten Stunden
Rastlos
Auf das lebendige Grab Deiner Seele.

Immer noch sprichst Du die alten Worte
Mit fremder Stimme
Die langsam welk wird
Und müde vor Scham.

Immer noch steht der goldene Stern
Im zitternden Abend.
Einmal oh einmal
Hebst auch Du lächelnd
In sein heiliges Blühen
Die weiße wunschlose Stirne.

So wie ein Schläfer mit geschlossenen Augen
Die lauten Uhren draußen schlagen hört
Um tiefer und im Traume kaum gestört
Sich an die schwere Brust der Nacht zu saugen:

So höre ich die unbarmherzige Zeit
Nur mehr von ferne und verworren schlagen
Kaum mehr erwachend zu den fremden Tagen
Aus sanftem Wahnsinn blauer Ewigkeit.

Deine Stirne schmilzt nicht im Weihrauch des Schlafes.
Du muß wachend verbrennen.

Ein furchtbares Weib ist die Nacht
Steil über Dir
Mit rauchendem Schoß und zermalmenden Brüsten.

Und die lautlose Schlange
Wacht schillernd auf im Grase des uralten Gartens..

Einst geh ich wieder einsam auf den Wegen
Die ich so demutsüß mit Dir gegangen.
Ich sah an diesem Baum wie Knospen sprangen
Und stand so sanft beglückt und doch voll Bangen
Weil Du nicht blühtest in dem Blütenregen
Und bin mit leisem Schritt vorbeigegangen
Und Dir ganz fremd und doch so voll Verlangen
Nach Deiner Liebe aufgeschlossnem Segen
:Doch war es Herbst da sich die Blätter legen
Und sich in kühlen Winden wirr bewegen
Wie tote Vögel streiften sie die Wangen
Und flogen einer leeren Nacht entgegen..

Ich gehe noch mit Dir.   Doch unser Schreiten
Ist nur ein langer Weg zur letzten harten
Schmerzlich gewußten Grenze und wir warten
Herausgespült aus der Musik der Zeiten
Fast ohne Sehnsucht bis wir uns entgleiten.
Und keiner weiß mehr einen neuen Garten
Und Himmel die sich blau und selig breiten
Und schon läßt jeder die umsonst gesparten
Und nie aus sich erlösten Zärtlichkeiten
Mit müdem Lächeln in den Abend gleiten.

Einst geh ich wieder einsam auf den Wegen
Und Du bist fremd und ganz von mir gegangen
Und in mich fallen Wind und Nacht und Regen..

Alle Wege gehen in Nacht hinaus.
Alle Lichter verwehen und löschen im Dunkel aus.
Alle Tage sinken in Traurigkeit.
Alle Straßen sind mit weißem Tod verschneit.

Halt ich Dich noch bei den Händen, Du?
Wir gehen unendlichen Wäldern zu.
Ich weiß es nicht mehr wie jung ich bin.
Durch Stunden geh wie durch Jahre ich hin.

Ich bin so müde mein Herz ist ein Traum.
Gespenstische Arme hebt Baum um Baum.
Die Stille braust so hohl und fern.
Ich hab am Himmel keinen Stern..

Du liebe Frau, oh ich bitte Dich
Birg weich in Deiner Gnade mich.
Mir ist so weh so winterweh
Wir gehen durch Wald und Nacht und Schnee..

Ich geh einen grauen Tag dahin
Wer fragt warum ich traurig bin..
Ein ausgetrunkner Becher Wein..
Wer schenkt mich jauchzend wieder ein?

Oh keine Träne die mir quillt
Daß sie den Schmerz mit Schmerzen stillt
So bin ich bis zum Grunde leer
:Und war einst ein verströmend Meer.

Oh Becher den ich lachend hielt
Oh Jahre die ich froh verspielt.
Ich geh einen grauen Tag dahin..
Wie lang schon daß ich gestorben bin..

Muss es so sein daß auch dies zerbricht?
Habe ich nicht gebaut an dieser Liebe
Demütigen Herzens?
Habe ich mich nicht arm gemacht
Daß Du reich wärest?
Bin ich nicht gekniet in Sehnsucht nach Deiner Gnade?
War ich nicht süß vor Demut?

Du! Warum bist Du so bitter!

Es ist so schwer jetzt zu vereinsamen..
Es ist so traurig nicht ruhen zu dürfen
In der Bucht eines sanften Herzens..
Mir ist wie dem Wanderer in sternloser Nacht
Der vorbeigeht an den hellen Fenstern.
Blutend bricht ihm das Herz auf.

Ich hebe mich Dir entgegen,
Ich falte die bittenden Hände..
Aber Du siehst es nicht.
Meine Seele ist leer von den rasenden Stürmen
Mit denen sie einst Dich umwarb.
Sie sank lange hin im Eis Deines Lächelns.

Ich hoffte Dich zu überschütten
Mit meinem Frühling.
Aber die Blumen meiner Liebe fielen in einen Abgrund..

Ich hoffte Du würdest kommen
Zu trinken an meinem Brunnen.
Aber Du kamst nicht und ich versiegte..

Das Leid fällt wie Regen von glanzlosem Himmel..
Es ist so schmerzhaft still im sterbenden Zimmer.
Meine Hände liegen im Schoß müd vor Erwartung.

Die Welt ist kalt. Mich friert vor Traurigkeit..
Du kommst nie wieder..

Es braust um uns das hohle Haus
Die Stadt rauscht ruhlos wie ein Meer
Wir starren in die Nacht hinaus
Die Sterne löschen blutend aus
Die Fenster stehen schreckhaft leer.

Ein Baum in graue Nacht gekrallt
Ist voller Toter schwarz und hart.
Die haben über uns Gewalt
Zerwühlt im Winde wirr und alt
Verweht des Gottes weißer Bart ..

Wir neigen uns verwelkt und blaß
Dies ist die Nacht Du bist die Braut ..
Von unsern Lippen kommt kein Laut
Wir zittern vor dem dunklen Haß
Der fremd aus unsern Augen schaut.

ICH NEIGE MICH dunkel über Dein Antlitz
Ich drücke Dir einen sterbenden Kranz
Von leisen Küssen müd auf die Stirne
Meine Seele verrauscht in silbernem Glanz..

Die verblühenden Blumen unserer Hände
Schließen sich herb. Unsre Liebe ward alt
So reif hinwelkend in satter Gebärde
Prunkvoll verderbt ohne Sehnsucht und kalt..

Ich wiege mich weit in die wandernden Stunden
Wie ein Schiff das die purpurnen Segel bläht
In den Abend hinaustreibt in ewige Wasser
Wunschlos im Winde.. Lichtlos und spät..

Steige herab von den flammenden Bergen des Tages
Neige Dich zu den smaragdenen Ufern der Nacht!

Berauschend, schwärzlicher Wein umspült Dir die ewige
                                                Welle
Des zerfließenden Schicksals Dein erstorbenes Herz.

Weither
Hörst Du das Singen der Frauen   gerudert auf Barken
                                      der Sehnsucht

Deine Seele lauscht vorgebeugt.
                        Es fallen die Wasser
Über Dich hin ein unendlicher Traum.

Vergebens wirfst Du das silberne Seil der Erinnerung
Mit dem goldenen Anker der Treue
In das abgründige Meer der Vergangenheit.

Furchtbar reißt Dich der Sturm der Tage
Über die See. Es schlagen die Wellen.
Nicht achtet ehe es ausgetobt
Das rasende Schicksal Deiner Verzweiflung.

Es zerschellen die Schiffe.   Der Sturm verfliegt.
Eine Taube lächelt   hält den Zweig der Versöhnung
Über dem Grabe der trostlosen Wasser
Die aufblühn
Unter der Sonne die Deinen Augen
Nicht mehr vergönnt ist.

Fahre mit seidenen Segeln über das leuchtende Meer
Wiege Dich in den zaubrischen Nächten Arabiens
Indiens berauschende Pracht schütte wie Wein in Dein
Herz
Liebe alle schönen Frauen der Erde:

Du kehrst heim .. Und es war nichts ..

Unter fremden Sternen, im duftenden Abend
Singt ein dunkles Weib ein betörend Lied.
Alle Süßigkeit wohnt an ihren Brüsten
Du aber neigst nur Dein Haupt und weinst ..

Wühl in den Schätzen der Welt. Laß Dich von Städten
umbrausen

Fahre auf silberner Barke über das Traum-Meer der
Nacht

Du kehrst zurück .. Ein Regen weint ..
Nichts rettet Dich vor Gott!

WARTE DASS DIE Nacht nocht tiefer werde
Ehe Du Dich grenzenlos ergibst
Trinke erst den Dämmerrausch der Erde
Ehe Du mich liebst.

Dann wenn alle lauten Stimmen schweigen
Klingt nur mehr die Nacht. Ganz groß und klar.
Und ich will mich leuchtend niederneigen
Traumhaft auf Dein Haar.

Und ganz alte Lieder, lang verschollen
Singen leis, oh leis durch Deine Brust
Die Unsagbares Dir sagen wollen
Daß Du weinen mußt.

Und Du wirst Dich schweigend an mich lehnen
Wie von tausend Liebesnächten schwer
Und Du wirst Dein letztes Glück ersehnen
Mehr als mich, viel mehr..

Warte daß die Nacht noch tiefer werde
Ehe Du Dich grenzenlos ergibst
Und Du trinkst den Himmel und die Erde
Wenn Du dann mich liebst.

DEINE RAUSCHENDE Seele hielt mich wie ein Adler über
> dem Abgrund.
Es strahlte im Morgen das Gebirge Deines Leibes,
> jauchzend aufgerichtet meiner stürmenden Kraft.
Ich nährte mich am Quell Deiner Brüste mit glühender
> Liebe.
Durch das Tor Deines Schoßes ging ich in traumlose
> Nacht.

Dein Leib stand wie ein Fels im Meer des Untergangs ..

Jetzt hast Du mich wie eine Schleuse losgelassen
Ich treibe haltlos in der Flut der Gier
Hinunter in den brausenden! oh näher! hindonnernden
> Sturz.

Warum bist Du gegangen Du Geliebte?

Aus zerwühlter Traumnacht aufschreck ich. Nicht mehr
> tönt
Silbern Dein Lachen über die seligen Hügel Deines
> Leibes her in meinen Schlaf ..

Schwebt Deine rauschende Seele noch wie ein Adler
> einsam über meinem Abgrund?

AUCH AN diesem Abend
Streichelt der Wind den Baum
Ziehen die Wolken
Lächelnd und leicht.

Auch an diesem Abend
Fließen die Brunnen der Liebe
Läuten die Herzen
Lodert das Licht.

Auch an diesem Abend..
Der ferne Freund
Beschwört mein Gesicht
In Tränen schmilzt
Eine Geliebte..

Fröstelnd über die frierende Seele
Werf ich den bunten, schmerzlichen Mantel
Gewoben aus vieler
Erinnerung.

Auch an diesem Abend
Wölbt Gott in Schwermut
Sein strahlendes Antlitz

Sterne fallen wie Tränen
Auch an diesem Abend..

Die Nacht ist schwarz. Schon splittern Horizonte
Wind schüttelt bleichen Mond aus dem Geäst.
Drin er ein schon verworfner König zitternd thronte.
Das Dunkel stöhnt an Fels und Wald gepreßt.
In Deinem Blut die herbe Innigkeit
Der Hoboen beginnt ein Morgenlied zu tönen.
Es schwankt der große Stern. Der Himmel blaß und [breit
Hebt safranrot den Mantel aufzuflammen.

Die Pauken der Verkündigung erdröhnen.
Noch halten tausend Engel die gebauschten
Wehenden Zelte über Dir zusammen.
Nun stürzen Wälder vor mit Donnerrauschen.
Des Morgens strahlende Fanfare schreit.
Die Sonne rollt herauf:
Jetzt wird sich Deine Stirn mit Licht bekrönen.

Schwebt ein goldnes Licht
Bebt ein Duft herauf
Hebt sich Dein Gesicht
Wie betrunken auf.

Schütteln Blüten sich
Auf Dein Haupt wie Schnee
Beugst Du lächelnd Dich
Und in sanftem Weh.

Demutvoll gesenkt
Harrt des Glücks Dein Haupt
Vieles ward geschenkt
Dem der Liebe glaubt.

Wolken siehst Du ziehn
Wehend durch das Blau
Trinkst Du sinkst Du hin
In geweihter Schau.

Lied der Amsel hallt
Durch die Dämmerung.
Bist Du heilig alt?
Bist Du selig jung?

WOLKEN wiegen sich auf den Knien des Berges.
Er ruht steinern lächelt und läßt sie wandern

Am Abend greift er in die rauschende Harfe seines
                                              Waldes.
Seine Wasser schluchzen durch sein schmerzliches Lied.

Blitze zucken blau um seine Stirne.
Er steht auf mit krachenden Gewändern.

Lauthin brüllt sein Schrei der Einsamkeit:

Muß ich ewig ewig ewig stehen?

Mild legt ihre sternenblasse Wange
An sein uralt Haupt die Sommernacht.

Manchmal stöhnt er tief aus schwergewaltigem Schlafe.

Orgeln brausen rauschend über ihn:
Steil und stürmisch steigt er in den Tag
Mit sich reißt er die Jahrtausende der Erde
Vor das aufgestrahlte Antlitz Gottes.

Ein Fluss der leise in den Abend rinnt
Unsagbar schön zerschmelzen Nacht und Wasser
Schon werden alle goldnen Wirbel blasser
Im Rohre nistet knisternd sich der Wind.

Wie alles lautlos in das Dunkel fließt.
Wie Deine Jahre in dies Gleiten sinken
Sterne die tropfend in der Flut ertrinken ..
Wie gut in Dir die Welt die Augen schließt.

DER SANFTE Hügel hebt
Die Kirche
Grüngolden auf den Armen in die Sonne.
Der Abend ist sehr groß.
Der See blitzt weit.   Die fernen Berge schmelzen
Wie hyazinthner Weihrauch in die Luft.

Der blaue Flügelschlag der Engel rauscht.

Die Linde wird des Bienensummens leer
Es wächst ihr Duft in dieser schweren Stille.

Ich lehne an dem Baum der lebt und lebt
So alt und einsam und nicht sterben will ...

Gestorbene wehen hin im Abendwind ...

Was will ich noch auf dieser Erde die
So viel des süßen Lebens schon begrub?

Einst läßt vielleicht mein windvermischter Hauch
Zwei Liebende ein kleines Weilchen stillstehn
Und ihre Augen ineinandertauchen
In niegewußter Reife ihrer Liebe
Vom Zauber der Vergänglichkeit berührt ...

Die Täler füllen sich mit kühlem Wein der Nacht.
Aus schwarzen Wäldern taumelt Trunkenheit.
Die sanfte Stirn der weißen Kirche bleicht ...
Von Höh zu Höhe schwingt sich ein Geläut
: Die Toten grüßen sich ...

Mir ist, als trüg' ich einen Kranz im Haar.
Ich schreite abwärts, wie zu großem Opfer ...

Fernhin im Grunde
Sirren die Sensen ....

Ich kniee hin und singe
Erde Dein ewiges Lied!
Dir schaffende Scholle!
Kühle des Bodens daraus ich wuchs
Wärme des Lebens die mich umfängt!
Wieder in Deine gewaltigen Arme
Stürz ich Du große Mutter!

Du Bruder Baum! Du stehst und schweigst.
Ich aber schreite in Unendlichkeiten.
Wenn Du erschauernd in den Abend sinkst
Hebe ich froh mich zu Sternen auf.

Du weites schwesterliches Feld
Wogend im Winde!
Gottes Atem weht in Dir!
Gottes Stimme jubelt in tausend Lerchen
Über Dich hin
Morgendlich
Sich selber unendliche Andacht zu.

Oh und Ihr Gebirge Erzengel Gottes!
Dröhnend ist der Strahlengesang Eurer Stille.
Wie glüht das Herz mir heiliger auf
Wenn Ihr mich anblickt!

Unermeßlich wirft sich die Sonne
In den flammenden Tag!

Ich aber greife
Mit beiden Armen empor in den Himmel
Und zwing ihn
Tief in mein irdisches Herz!

Und in der Brust die kaum mehr
So Gewaltiges trägt
Braust Himmel und Erde zusammen
Und im höchsten Rausch der Empfängnis
Gebär ich mich selber
Zu lösender Freiheit
Göttlicher Mensch!

MEERGRÜNE Landschaft
Darüber
Himmel der Freude
Sonne bricht in Dich ein.

Wie steigt die Kraft
In die wieder befreiten
Aufflammenden Glieder!
Wie reift Dir das Blut
Der Traube gleich
Geschwellt von der Wollust der Erde!

Wie Du nun hinschreitest
Über die tönenden Berge
Wälder schlagen um Dich
Wehenden Mantel des Sturms.

Nun aber stehst Du
Selber ein Felsen
Auf hohem Gebirge
Aufgebrandet
In dem dampfenden Aufruhr der Erde.

Strahlend aus silbern
Hellen Posaunen
Bricht nun der Berge
Gebet empor ...

Doch in den Tiefen
Blaut schon der Schatten.
Weit will verströmen
Der Erde Herz.

Schön ist Schwermut
Wenn du groß
Über die Welt hinruhst

Und nur wie Opferhauch
Hebt sich die dumpfe
Sehnsucht der Menschen
Fern zu Dir auf ...
Leicht nur Dich streifend
Emporgetragen
Ins große All.

Neigt sich des Tages Stirn
Lächelnd der Kühle entgegen
Schweben die Schatten um Dich
Vieler Gewesener.

Schweiget der Lärm der Welt
Unter der milden Gebärde
Einer segnenden Nacht:
Quillt Dir das Herz auf ...

Stehst Du auf tönender Brücke
Über dem dunkelnden Strome
Schweben die Nebel vorüber
Rauscht ein Gesang her.

Fließen die Wasser hinunter
Stehst Du und beugst Dich in Sehnsucht
In dieses tödliche Gleiten
Daß du ertränkest.

Aber Du stehst auf der Brücke
Die sich von Tagen zu Tagen
Schweigend und unerbittlich
Über den Strom schwingt.

DEIN WEG GEHT über Tiefen hin, gefroren
Aus grauen Nächten die das Leben bannten,
Die ihre gläsern harten Decken spannten
Über den Wassern in ein Nichts verloren.

Es schwingt ein heller Ton sich auf der Fläche
Der klingt wie fernes gelles Sensenschleifen
Von unten fühlst Du's plötzlich nach Dir greifen
Bis an Dein Herz schwillt seltsam wehe Schwäche.

Dann springt das Eis mit einem bösen Knistern
Du stehst allein im hohlen Sturm der Nächte
Und lauschst wie drunten sich die dunklen Mächte
Schon mit dem Tod in Deiner Brust verschwistern.

Wenn Du am Abend durch Wälder gehst
Wo die hohen Bäume noch Sonne trinken
Bis fremde Schauer sie so umsinken
Daß Du wie unter Sterbenden stehst

: Neigst Du Dich tiefer. Der Wald verrauscht..
Der Freund.. Die Geliebte.. Oh Deine Schicksale
                                                                 alle..
Ein Brunnen der Nacht aus der Erde rauscht..

Deine Seele wiegt sich und weint.. und lauscht.

Und ein Stern blüht auf:
                        Oh Stern – oh falle!..

GLEICH EINEM Flusse der hinunterfließt:
In grünen Wirbeln wohnt ein dunkles Lied
Das Dich betörend in die Tiefe zieht
Daß stundenlang Du in das Wasser siehst

Bis Dich der Bann der Fluten so umschließt
Daß ein Unsagbares an Dir geschieht
Und nachts noch mit geschlossnem Augenlid
Du mit den schimmernd schnellen Wellen fliehst:

So hat dies Sterben über Dich Gewalt
Und wiegt Dich ein mit finsterem Gesang
Und rauscht und rauscht den ewig alten Ton
Und alles strömt hinunter ohne Halt
Denn viele die Du liebtest gingen schon
Vor Dir den traurigen vertrauten Gang ...

STEIGENDE SIND, ohne Rast durchwandernd die Tage des Lebens.
Klirrenden Schritts und umtönt gewaltig vom Jauchzen der Welt.
Sieg ist ihr lachender Ruf und Glück strahlt die Sonne der Augen.
Wehend in wallendem Schwung umstreift ihr Mantel die Sterne.

Siehe sie tragen das Maß, das leuchtende das aus den Händen
Eines bespendenden Gotts ihre Geburt schon empfing.
Über die tönende Brücke gebäumt über schwindelnden Abgrund
Schreiten sie hin wie im Traum und kümmern sich nicht um die Tiefe.

Fallende sind die unendlich hindämmern in ahnende Schatten.
Ihrem zerfließenden Schmerz hält nicht ein Irdisches stand.
Näher sind sie der Nacht der wissenden Quelle des Schicksals
Und der weiseste Gott hat sie, die Traurigen, gern.

Oh so beklaget sie nicht: Sie sinken in tödlicher Reife.
Oh vielleicht haben voreinst in einem früheren Leben
Sie schon den Gipfel erreicht den jene strahlend ersteigen
Und unendliche Süße klingt aus dem lösenden Fall ...

NICHT IST HEILIGE Scham sich zu verschließen
Nicht ist letzte Demut fremd zu sein
Und von schaler Angst gehemmt zu sein,
Immer gegen sich gestemmt zu sein.
Letzte Scham ist letztes Sich-Ergießen
Und zu fühlen noch in Lüsten rein
Wie des Gottes tiefe Brunnen fließen.

Gesang der Toten:

Wir aber sterben nicht
Wir steigen zu den Sternen
Und holen aus den Fernen
Unendlich weißes Licht

Und sind ein stiller Glanz
Ob Euerm irren Leben
Wir schweben und wir heben
Um Eure Stirn den Kranz

Der Euch zur Feier ist
Ums müde Haupt gewunden
In Euern schwersten Stunden
: Nur daß Ihr es nicht wißt.

FRAUEN verblühten
In meinem Herzen
Freunde verglühten
In meiner Qual.
Tage versanken
In meinen Schmerzen
Berge ertranken
In meinem Tal.

Silberne Flügel
Mein Haupt umstreiften
Freudige Hügel
Stieg ich hinauf.
Himmlische Stunden
Die in mir reiften
Brachen wie Wunden
Heilig mir auf.

Brennende Seelen
In dunklen Händen
Düster verschwelen
In Leidenschaft.
Stürmisches Schwanken
Wann wird es enden
Wann sind Gedanken
Ruhende Kraft?

Aus Rausch und Sünde
Aufwärts getragen
Gott oh verkünde
Wann wird es sein?
Wann ist die klare
Form einst geschlagen
Aus meiner Jahre
Tönendem Stein?

Es ist noch das alte Zimmer
Das wie verdammt für Ewigkeiten steht.
Abend. Es ist noch der alten Lampe Schimmer
Und der Regen weint noch immer
Und November weht.

Daß ich einst ein Kind gewesen?
Oh wie viele Jahre sind vertan ...
Allzu vieles lernte ich aus Büchern Herzen Sternen lesen
Fremdes Leben rührt mich tiefer an
Als das eigne, das sich grauenvoll entfernte
Seit ich es verschweigen lernte ...

Oh mein Herz ist herbstlicher und bunter
Als im Garten der Baum ...
Entblättert rausch ich die rötlichen Jahre herunter ...

Ein großes Schicksal wird zum Traum ...

IHR DIE IHR einsam seid Ihr Sterne brennend von
Schmerzen
Wolke des Wahnsinns umwuchert die blaue Stirne der
Nacht.
Euch auch sehnt sich der Brunnen der Gnade weit zu
verströmen
Doch durch der Tage Geröll sickert er zäh in die Nacht.

Euch auch blüht tief und berauscht die rote Rose der
Liebe
Aber sie welkt und ihr Duft weht in verwehende Nacht.

Ihr auch suchet das Glück und die heimlichen Gärten der
Wollust
Doch der Verlassene starrt in das Antlitz der eisernen
Nacht.
Hoffnung stieg wie der Mond aus dem Gebüsch Eurer
Sehnsucht
Doch er fällt wie ein Stein in den schwärzlichen Tümpel
der Nacht.
Euch auch müde gewordne an kärglicher Lampe des
Wartens
Frißt der zermalmende Schlaf einer bösen gottlosen
Nacht.

STEINERN starren die Wintergebirge des Schmerzes.
Stunden gerinnen zu Eis.
Die gebogene Flamme des Mondes
Flackert rot aus dem Nebel.

Und das stählerne Himmelsgewölbe
Gehalten von den goldenen Nägeln der Sterne
Knirscht vor Kälte.

Nacht greift an mein Herz.
Der Blutbrunnen der Liebe stockt.
Unerbittlich niederfunkelt Schweigen.

Es bersten Jahrtausende der Demut
Klirrend im Frost der unmenschlich einsamen Nacht.

Ich fiel in Nächte traumeswirr und tief.
Da kamen Tage grau und sonnenlos
Ich sitze in den Kerkern meiner Seele
Und keiner kommt zu lösen meine Träume.

Ich stieg auf Berge, stieg bis an den Himmel.
Vergebens sucht sich im Gestein mein Fuß
Die Spur der Rückkehr wieder zu ertasten.
Ich hänge martervoll und keiner hält mich.

Ich fuhr durch Meere der Unendlichkeit
Fort von den Freunden und dem blühnden Lande.
Um meine Seele schweigt ein großes Wasser
Ich treibe hin und keiner kommt und ruft mir.

MEINE SEELE ist eine Harfe der schon viele
Saiten zerrissen.
Aber wenn ich die Lieder meiner einsamen Schwermut
                                                spiele

Rauschen mit seltsamem Klange
In meinem Gesange
Wogen des Meeres aus schwarzen Finsternissen.

Und Herzen die um letzte Traurigkeit wissen
Lauschen und schweigen
Und die Bäume neigen
Sich in den Zweigen

Schmerz hält der Wasser eiligen Lauf
Und weinende Schatten steigen
Aus den Wiesen ewiger Sehnsucht herauf ..

Ich stehe traurig auf dem erkaltenden
Gestirn und neige tief in den Abend mich.
Oh Du der Erde Abend fall nicht
Tödlich und schwer auf mich Einsamen.

Schon löst der Gott von den Bergen das strahlende
Himmlische Licht. Und schweigend tragen
Die dunkle Stunde die Gewaltigen
Ragend in eherne Schicksalsnacht.

Die Wasser stürzen wie ewiges Sterben hin
Von starren Felsen heruntergeworfen
Und alle Bäche rauschen lauter
Durch die erschauernden Wälder fort.

Der Fels dröhnt Schweigen. Die Stimme fällt
Tot in mein Herz zurück. Der Schatten wächst
Um meinen Schritt und Fürchterliches
Scheint mir in Baum und Stein zu warten.

Dann seh ich droben die ewigen Feuer gehn
Die Nacht durchmessend leuchtend und wunderbar
: Oh wie viele Sterne hast Du wie unsern,
Gott! in das Nichts Deines Alls geworfen?

Beschwörend steigen Nebel vom Tale auf
Und bannen mich in irdische Todesnacht.
Und meine Seele flieht und birgt sich
Schauernd in Haus und in Herz der Menschen.

Nun ruhe Du meine Seele!
Nur diese kleine Neige Tag noch:
Die Sonne vertropft in die Stadt
Silbern läutet der Himmel
Die Türme brennen.

Du schaust empor. Um Dich blüht Gnade auf.
Hell klingt Dein Blut.
Der eine Blick hinaufgesendet
Aus grauer Straße
Fällt tönend zurück in Dein Herz.

Du bist der Andere jetzt der immer ist.
Nicht mehr der Wechselnde der war und wird
Im unruhvollen Gang der Tage.

Du bist der Ewige der selber sich
Nun heimgeleitet schreitend durch das Tor
Das froh sich schließt um Deine heilige Stille.

STÜRZE ZUSAMMEN Herz!
Wirf Dich lösend hinab
In die brausenden Tiefen
Unergründlichen Leids!

Oh wie so schmerzlich süß
Lockt es Dich! Fühlst Du es nicht?
Oh stürz in Bäche von Tränen
Starres, unherzliches Herz!
Oh Dein Schluchzen: Gesang!
Oh Dein Stammeln: Gebet!
Trag es nicht mehr! Brich hin in Leid!
Schmilz in Schwermut! Zerfließe
Kniee in Demut! Ins Knie
Wirf Dich unmenschlicher Mensch!

Oh so ein Leben entlang
Gingest du unerschüttert
Tage welkten in Dir
Abschied um Abschied riß
Aus dem blühenden Herzen
Süßeste Heimlichkeit ...

Menschen! Freunde! Geliebte!
Wirft solch ein tödliches Wort
Dich nicht in Kerker der Qual?

Oh der Du nicht liebtest
Der Du nicht Demut warst
Oh Du warum denn so fremd?

Oh warum nicht voll Unschuld
Nicht Spiel mit Sternen und Wolken
Oh nicht Gnade der Blumen
Dunkle Güte des Tiers?

Oh der Du doch jung warst!
Wo ist Dein heiliges Leben?
Wo Dein zartes Geschenk
An den erkaltenden Tag?

Braust neue Seligkeit nicht
Durch Dein erschüttertes Herz?

Oh jetzt stürze Dich hin
Himmlischer Schmerzen voll
Oh Brunnen heiliger Brunnen
Schluchzender Traurigkeit!
Aufjubelt Dein Herz erlöst im brausenden Fall!
Laß Dich sinken sinken
Kniee hin zu trinken
Hingegossen ins All
Leid bacchantisches Herzeleid!

Nun ward das Leben um mich her schon leise ..
Des Schlafes und des Leides Dornstrauch
Wächst wuchernd auf.

Ich bin so müde. Aus den weißen Träumen
Die überm Wahnsinn aufblühn
Rauscht zauberischer Duft.
Oh rote Rose des Lebens!

Ich war so schön!
Saht Ihr mich nie
Wenn ich mit bittenden Augen
Durch den leeren Abend ging?

Mir ward kein Tag gegönnt mit blauem Antlitz.
Die kristallene Nacht
Zerschellte klirrend ein Blitz.

Oh fühlen wie schön es wäre
Hätte nur einmal Gott
Mir dies Leben verziehn
Und mich gewiegt auf den Händen der Gnade ..

Es ist sehr spät. Einsame Schwermut
Bleicht mir die Stirne.
Darüber fallen
Die schweren Wolken des dunklen Haares.

Warum gingt Ihr vorüber
Als ich noch Sonne und Tau
Suchte für die sterbende Blume?

Oh jetzt nicht mehr!

Oh Nachtgesang .. Oh Untergang.
Süßer Verfall des Schlafes im Grabe der Liebe ..

Du neigst Dich über die schluchzenden Quellen der
Nacht.
Aufrauschen zu Dir die Gestorbenen.
Daß Du noch lebst und in die Schluchten der Tage
Wieder hineinirrst: Du begreifst es nicht mehr.

Woher die steinerne Stirn und dies unantastbare
Schlagende Herz das immer noch weiter will?
Woher der Mut zu leben?

Vielleicht nur weil der Tod Dich begleitet . . . .?
Wenn Dich der ruhlose Fährmann des Lebens
Von den Inseln glücklicher Abende trieb
Aus den purpurnen Tiefen der Nacht
Weit hinaus riß in strömende Tage:

Wußtest Du wohl um das endliche Ufer,
Immer Dir nahe unendlich nahe,
Dran des Schmerzes Wellen wie Silber
Leichthin verspülen klingend
Wie ganz leises helles Gelächter?

Du weißt ja – Du kannst spielen mit Wolken und
Sternen
Blasen auf dem goldenen Horn des Mondes
Ein nächtlich Lied
Über die neblichten Wälder traumhafter Wirrnis

Darüber groß und in eisige Bläue
Gott seinen sternigen Mantel hängt.

Aber:
Wenn der Tod in Dir schweigt
Fühlst Du hindonnern die furchtbare Stimme
Stürzenden Lebens.
Hinschmetternd Geschick unerlöster Vergänglichkeit.

Und Du flehst nach der Flöte des dunklen Gottes,
Daß Dein Herz ins Leben hinausgetrieben.
Lächelnd träume im Spiele des Todes
Während der furchtbare Abgrund sich auftut:
Daß kaum ein Erbleichen
Jäh Dein erwachtes Antlitz versteinert.

ERDE DER Versöhnung Stern!
Ewig funkelt die Nacht des Hasses
Doch die Gestirne
Schweben lächelnd in Gottes Händen.

Eine tiefe Süßigkeit ruht in den zerbrochnen
Herzen der Menschen.
Ein guter Geist
Sendet die Bienen der Liebe
Die ernten
Zu himmlischer Nahrung den Seim.

Die Jahre reifen in der Milde der Demut
Vieles verzeiht wer selber duldet.
Der Rosenstrauch eines großen Schweigens
Blüht über dem Grabe der Schuld.
Es steigt die kostbare Blume der Trauer
Aus verlassenen Wassern.
Eine sanfte Musik verschwendeter Zärtlichkeit
Hebt den versunkenen Schatz der Herzen
Tönt der Gemeinschaft seliges Lied.

Es neigt sich über die harten verjährten
Stirnen eine Stunde der Güte.
Ein Weinen erlöst die qualvoll Verstummten.

Die Geliebte sammelt den zerfallenen Abend
: Über die Nacht des Hasses
Gleitet ein Schiff aus goldenem Schlaf.

Immer leuchtender brennt
Das glühende Leid der Edlen.
Es zerflammt das Böse
Im schmerzlichen Feuer der Liebe.

Es strahlt die verwandelnde Erde
: Ein ewiger Stern der Geburt.

EUCH SEHE ICH Ihr Einsamen versprengt.
An abendlicher Lampe träumend. Tatenlos:
Da Euch tödlich schon reifte die wissende Seele.

Ihr sitzet am Tisch der Verstockten Ihr
Nach Worten ringend in so vergeblichem Streit
: Auch Euer Schweigen beschwört Untergang.

Die andern alle leben mitten hindurch!
Oh Ihr am Rande der Zeit Schicksalhafte
: Euer Warten werde Erwartung!

Ihr Jünglinge klirrend in der eisernen Zeit
Ihr Mütter der Welt von Schmerzen müd
Ihr alle Jugend berührt von Verheißung:

Einmal aus aller Städte Fluch brandet empor!
Himmel und Erde zerglühen in Euerer Sehnsucht
: Aus dem gemeinsamen Glauben wachse gemeinsame
                                                        Tat!

OH SCHAUET nicht zurücke
Die Tiefen schluchzen schwarz und bang
Wir stehen auf der Brücke
Von Untergang zu Untergang.

Und doch ist uns bereitet
Der Tempel und der Tag des Lichts!
Vor uns liegt alles!   Schreitet
Aus dem Bezirk des großen Nichts!

Die Brüder die da gehen
Die haben guten tapfern Schritt
Du wirst sie steigen sehen
Und steigst in ihrem Reigen mit.

Der Reigen ihrer Hände
Der nimmt Dich trägt Dich himmelan!
Verschwende Dich verschwende
Dein Herz bis Du die Tat getan!

Die Seher standen schweigend vor dem Volke
Auf dem umstürmten Berg und sahn die Qual
Der Tausende, die im verdorrten Tal
Sich lechzend drängten zum verlöschten Kolke.

Und da es nahe schien dem letzten Tag
Da bebten sie so maßlos nach dem Schlag
Des großen Gottes aus geballter Wolke:
»Herr« schrien sie »triff uns triff uns noch einmal!«

Der aber war im Untergang des Alls
So grenzenlos verloren und er ruhte
Und fühlte nicht wie denen dort im Blute
Das Fieber schrie und ihres Wahnsinns Hitze.
Er sah kaum mehr den Sturz des Erdenballs
Und er erhob sich nicht von seinem Sitze
Um hinzuschleudern einen Bündel Blitze
Und das gemarterte Gestirn zu spalten.

So furchtbar wolkte Schwermut um den Alten.
Gleichmütig nur aus seinen Mantelfalten
Rann Staub und Aschenregen des Verfalls.

Gib meiner Hand den hellen Stern
Gib meinen Füßen starke Erde
Gib mir die lächelnde Gebärde
Sei meinem Abend nicht zu fern!

Laß mich im Sturme nicht verwehn
Laß mich in Deiner Nacht nicht fallen
Laß mich als Bruder unter allen
In Deinem heiligen Kreise stehn.

Ich bin Dein tiefer Atemzug
Ich bin Dein irdisches Versenken
Ich bin den Himmel auszuschenken
Dein Dürstender und bin Dein Krug.

Der Du nach meinem Leibe schreist:
Ich bin Dein Gott wie Du der Meine.
Ich starb für Dich im harten Steine
Ich wurde Mensch: Du bliebst nur Geist.

Ich weiß – und wärst Du noch so fern –
: Daß ich Dich auf mich zwingen werde.
Ich bin Dein Tod und Deine Erde
: Du bist mein Leben und mein Stern.

ICH BIN DER große Gläubige des Nichts.
Die mich bekehren wollten wurden schwer
Und sie vergaßen alle Gegenwehr
Bezwungen von dem Wuchten des Gewichts ...

Oh die Ihr meint Ihr stündet hell im Tag
Die Ihr der Erde Untergang nicht kennt
Wenn über Euch mein Ungewitter brennt
Dann zittert Ihr vor jedem Donnerschlag.

Wen ich durch meine Wüste schreiten ließ
Der siechte hin und wurde welk und starb.
Und wen ich in mein Dunkel gleiten ließ
Der fand nicht mehr zurück und er verdarb.

Ihr alle kleine Gläubige des Lichts,
Gestellt ins Grauen meiner Trunkenheit
Wie schnell Ihr rettungslos versunken seid
Und über Euch zusammenschlägt das Nichts!

Ein Wunderstern den ich allein nur weiß,
Beglänzt die hohe Brücke meiner Nacht
Wer ihn nicht findet fällt in meine Macht
Und schwindet schwindet in den Zauberkreis.

Wenn Euch mein tödlicher Gedanke trifft
Seid Ihr aus Trug und Traum dahingerafft
Ihr tragt den Schein des Lichts nicht seine Kraft
Und seid darum verfallen meinem Gift

Das dem nur Heiltrank wird der wissend wagt
Zu bändigen das Graun mit magischem Grauen
Der ganz hinabsteigt um emporzuschauen
Wie über aller Nacht der Morgen tagt.

WEH DIESEN Jahren ohne Ziel und Zucht:
Sie werden einst in Deiner Seele brennen
Ins Nichts verweht von Deiner Lüste Sucht
Wirst Du zu spät die strenge Spur erkennen
Du bist, vertrieben aus der heiligen Bucht,
Verdammt die grauen Meere zu durchrennen
Und vor dem Gott treibst Du in ewiger Flucht.

Denn von dem Späten fordert Er zu viel
Wie Feuer tropft sein Wort in Deine Wunden
Und immer wieder wendest Du den Kiel
Wenn Du die frühe Einfahrt nicht gefunden.
Da Gott noch mild war ward er Dir ein Spiel:
Jetzt löscht er Deinen Stern und Deine Stunden ..
: Weh diesen Jahren ohne Zucht und Ziel!

Noch stehst Du am tödlichen Ufer
Doch mahnt Dich die Stimme schon lang.
Schon hörst Du den göttlichen Rufer
Und neigst Dich dem wachsenden Klang.

Noch scheinst Du im Glücke zu schreiten
Doch harrt Deiner Weg schon und Wahl.
Du stehst auf der Brücke der Zeiten
Und brennst in der innersten Qual.

Dir wird in die spielenden Hände
Das dunkle Geheimnis gelegt
Und Du bist Ziel schon und Wende
Aus eigenstem Drange bewegt.

Du wirst Deine Stunde erkennen
Sie kommt als ein furchtbar Gesicht.
Du wirst an der Wunde zerbrennen
Wenn Gott in die Seele Dir bricht.

Du wirst ihn ertragen müssen
Bis er als Frucht in Dir reift
Und Du wirst entsagen müssen
Der Flucht, die im Endlichen schweift.

Du wirst mit der Not in Dir ringen
Und wachsend aus ewigem Kern
Wirst Du den Tod in Dich zwingen
Und auf Deinen Scheitel den Stern.

Dann stehst Du am göttlichen Ufer
Und kniest hin und Dein Herz wird Gesang
Und zu Dir tritt der tödliche Rufer
Und dann tust Du den schweigenden Gang.

Schient Ihr auch in zerstörten Tagen
Die Weitverwehten und der Wind:
Ihr seid die letzten die noch ragen
Ihr seid die ersten die schon sind.

Sorgt daß Euch nicht ein falscher Wille
Hin in den Sturz der Jahre reißt
: Bewahrt den letzten Tropfen Stille
Und spart den letzten Funken Geist!

Den hohlhindonnernden Gewittern
Gebt Euern Feueratem nicht
Erst wenn des Gottes Blitze zittern
Dann seid der Sturm der niederbricht

Dann laßt die Fülle niederregnen
Aus Wolken lang in Schmerz gestaut
Dann seid gesegnet um zu segnen
Die Erde die sich neu erbaut!

DU BIST VOLL LEID – Bruder!
Dein Flug war groß.
Noch klirren die Sterne
Vom Rauschen Deines einsamen Fittichs.
Du aber brachst hinab in die Schluchten der Erde.

Weh dem der die Lampe trägt
Und keiner von ihnen, denen sie leuchtet
Tut von seinem Öle hinein.

Weh dem der die Brüder
Emporreißt zum heiligen Werk der Empörung
: Verlassen steht er am schweigenden Tore des Himmels.

Wer begrub nicht den Traum seiner Jugend
Schwer von Stille und bleich vor Einsamkeit
In den nächtlichen Wäldern der Qual?
: Furchtbar rauschte der Abgrund –

Sei getrost Bruder!
Dein Flug war groß!
Kehre zurück ins Heiligtum der Verwandlung.

Gewaltlose Macht wächst geheimnisreich
Es sammeln sich die verschütteten Ströme
In den verschwiegenen Quellen.
Und ewig tiefe Gemeinschaft
Mildert die eherne Stirn des Kämpfers.

Einst oh Bruder
Über den unruhvollen Wassern des Lebens
Über den steinernen Bergen der Fremdheit
Wird stehn unser Antlitz
Leuchtender als die Sonne.

GANZ ALLEIN. Und den Gott
Den Unaufgebrochnen schmerzlich in Deiner Brust
Und um Dich die Teufel der Welt
Aufgewühlt von den Ungewittern
Der geborstenen Zeit
Stehst Du oh Mensch!

Im Gewölk Deiner Qual zittert der Blitz
Deines gewaltgen Gedankens
Der Himmel und Erde einst bricht.

In Dir ruhen, immer bereit zum Sturme
Alle bösen Winde der Welt.
Gestürzter Engel Du in Verdammnis
Ewig verflucht und ewig voll Trotz
Zucken die schmerzlichen Lippen ihr unbegreifliches
Nein!
Davor der Thron des Allmächtigen zittert.

Verlorener vor Gottes Antlitz. Aber
Wag es zum Schwur Deine Hand zu legen
An seinen Bart!

Leicht ists heilig zu sein über den Sternen!
Aber Dich oh Mensch
Durchrasen die bösen Winde der Welt.

Einsamer Du. Und dennoch
Gebunden an die ewig gemeine
Kette des Schicksals
Die graunvoll klirrt
Auch wenn ein Bruder aufhebt die wunden Hände
Und leis in den Abend
Hinschluchzt der Gefangenschaft trauriges Lied.

Aufweint die Demut der Reue
Oft aus den Kerkern der Schuld.
Aber es frommt nicht sich ins Knie zu werfen
Wenn nicht vor Dir selber.

Du mußt vollenden was Dir verhängt ist.
Kämpfe den Kampf! Und wäre Dein Schwert nur
Ein stählernes Lächeln vor Gottes Antlitz.
Es sammeln Engel in goldenen Schalen
Das Blut Deiner Wunden.
Der Ewige wird
Halten Dein liebendes tapferes Herz
In seinen uralten Händen ..

Freund am Klavier. Und Nacht und Kerzenschein.
Und Rausch und Fülle wird zu seligem Schweigen
Da wir uns lächelnd in die Stunden neigen
Und unsere Herzen glühn wie dunkler Wein!

Die Toten nisten in den blühnden Zweigen
Sich schon mit einem leisen Rauschen ein
Ein fremder Schauer weht zu uns herein
Aus braunem Meer silbern die Töne steigen ..

Vielleicht daß einer ein paar Worte spricht.
Die aber fallen mit so süßer Schwere
In unserer Herzen wundersame Leere
Und ruhn in uns wie goldenes Gewicht:
Weil einer ist der um Dein Leben weiß
Und mit Dir eintrat in den dunklen Kreis.

Lang schon wandelt der Tod durch das blühnde
                              Gebüsch unsrer Jugend.
Seine traurige Flöte tönt durch die Wälder der Nacht.
Und es geschieht daß im Schlafe ein dunkel Träumender
                              aufhorcht
Selig erschrocken.

Aber süßer tönet sein Lied den Liebenden wenn sie
Gehn durch die Nächte voll Mond von silbernen
                              Wolken geleitet
Oder im Duft des Gesträuchs sich heißer umschlingen in
                              Wollust
Strömenden Leibes.

Oh wie klingt da sein Spiel wie löst es die fremde
                              Gebärde
Tiefer neigt sich der Häupter zusammenwehender Atem
Der Vergänglichkeit zu. Oh dunkles Locken des Todes
Mitten im Leben!

Mit den Freunden sitzt er im Kreis um die singende
                              Kerze
Wissend das weiseste Wort heilig schwebend im Raum.
Plötzlich ein Falter umflatternd die trunkene Flamme
                              des Lebens
Löscht er sie lautlos.

Durch der Städte rasenden Schrei durch den taumelnden
                              Abend
Folgt er dem Einsamen nach. Am hellen Mittage wartet
Er im Schatten auf ihn dem unbegreifliche Schwermut
Plötzlich den Schritt hält.

Lieben lernet das Leben und siehe Ihr liebt den Tod
                              auch!

Schöpft aus dem Brunnen der Tage den Schmerz mit
                                             kristallenem Becher
Schöpft mit kristallenem Becher die Lust aus dem
                                             Brunnen der Tage
Lernt erst zu trinken!

Schüttet Euch selig hin in die strahlende Gnade der
                                             Frühe
In die Gefahr des Gottes werft Euch brausend hinein!
Brot und Wein sind bereitet am Abend zum Gastmahl
                                             des Todes.
Lernet ihm Freund sein!

Immer wandelt er ja der selten Geliebte Euch nahe.
Rührt er die Schläfe Euch an neigt sie erschauernd dem
                                             Gruß
Daß er Euch ruhig den Kranz auf die Stirne drücke die
                                             aufrauscht
Letztem Erkennen.

Ich bin der Rufer nur der einsam steht
Der aus den Wolken schwer von dunklem Leid
In Euere notzerspaltnen Herzen schreit
Daß meiner Stimme Inbrunst Euch durchweht!

Ihr aber die Ihr hoch mich schreiten seht
Auf letzten Bergen der versunkenen Zeit
Die Ihr die wenigen Erwählten seid:
Hört meiner Worte flammendes Gebet:

Die Stunde reift. Die alte Erde kreißt.
Aus ihren letzten Wehen rinnt das Blut.
Gewaltig wird sich scheiden Macht und Geist!
Herauf zu mir! Die Tempel stehn verwaist.
Den Hüter schirmt des Heiligtumes Hut.
Wer rettet Euch wenn Ihr es selbst nicht tut?!

Wer Tränen hat zu weinen oh der weine!
Was frommt es selber nicht in Not zu sein?
An seinem Tische satt von Brot zu sein?
Wer sich verschließt gibt seinen Brüdern Steine!

Daß Euch die große Liebe ganz vereine
Fühlt dieses Dunkle: Nah dem Tod zu sein
Von *einem* Brande ganz durchloht zu sein
Der in Euch rast mit seinem roten Scheine.

Der schon verzehrender Euch alle faßt
Da Ihr Euch noch am Tisch des Lebens glaubt.
Zur Unzeit sitzt Ihr lächelnd dort zu Gast!
Flammend und ungeheuer angezündet
Ist schon Vernichtung über Euerm Haupt!
Weh wenn Euch erst der Untergang verbündet!

So wie ein Blinder seinem Knaben traut
Der ihn durch Nacht und Sturm nach Hause führe
Und der es ihm bezeugt durch hundert Schwüre
Er sei mit Weg und mit Gefahr vertraut –

: Nur manchmal wird des Blinden Zweifel laut
Dem ists als ob er es im Tasten spüre
Man müsse längst vorbei sein an der Türe –
Doch hält er sich an den der für ihn schaut.

Also vertraute sich das Volk den Großen
Die vieles sahen was sonst keiner sah.
Doch manchmal schien es selbst den Ahnungslosen
Die helle Stunde wäre brennend nah
Und waren so voll Angst weil nichts geschah:
Und stehen jetzt betrogen und verstoßen –

Freunde wo ist ein Halt wenn Ihr nicht haltet?
Wo ist noch Glaube oh wenn Ihr nicht glaubt?
Wo grünt noch Hoffnung oh wenn Ihr entlaubt
Und wo ist Kraft wenn Ihr sie nicht entfaltet?

Wo ist noch Flamme oh wenn Ihr erkaltet?
Wo ist Erhörung oh wenn Ihr vertaubt?
Und wo ist Liebe wenn Ihr selbst beraubt
Und wo ist Glück wenn Ihr es nicht gestaltet?

Um unsere Stirnen kreisen Gottes Sterne
Auf unsern Schultern ruht der Erde Bau.
Wir sind die Nähe und die letzte Ferne
Wir sind Gewicht der Welt und sind die Waage
Wir sind die Schaffenden und sind die Schau
Und Gottes Anker auf dem Grund der Tage.

Musik des Tods! Es rast um uns das Sterben!
Wir aber leben leben und sind jung!
Und unser Sinn ist die Verwirklichung.
Wir müssen reifen mitten in dem Herben!

Aufflammt der Strahl! Die Welt zerbirst in Scherben!
Da reißt sich schon aus uns der neue Schwung.
Der Abgrund heult! Nun tut den großen Sprung!
Ganz ohne Gnade wälzt sich das Verderben!

Nun gilts sich ungeheuer zu erheben.
Glaubt Ihr umsonst vom Tod verschont zu sein?
Uns trifft wie Fluch der Brüder letzter Schrei:
»Ihr die Ihr leben dürft lebt groß und frei!«
Aufbricht die Tat in der wir hymnisch schweben
Und jauchzend schwenken wir in Menschheit ein!

Des dunklen Schiffes Steuer sind gerichtet.
Schon spüren wachsen wir des Gottes Wind
Die wir seit langem schon gerüstet sind
Brüder! Zeit ists daß Ihr die Anker lichtet!

Wer zaudert noch daß er die Fahrt beginnt?
Blickt um Euch! Gottes Tempel stehn vernichtet.
Doch in dem neuen Land das bald Ihr sichtet
Harrt schon der Grund daß Ihr den Bau beginnt!

Der Väter Land ist unseres nicht mehr!
Nichts löscht die Schande mehr die sie gehäuft.
Und keine Sühne tilgt den furchtbarn Mord.
Nehmt was Euch heilig ist mit Euch an Bord!
Seht! Vor den Stürmen der Vernichtung läuft
Uns strahlend hell der Stern der Gnade her!

DER HIMMEL bricht. Blutrote Sterne fallen
Auf kranke Städte jäh in Mord und Fest.
Die brechen faulend auf in ekler Pest
Himmel und Erde gräßlich widerhallen

Vom Schrei der Menschen die sich schluchzend ballen
In Haß und Liebe grauenvoll gepreßt
Aufheulend zu dem Gott der sie verläßt
Nach dem sie angstvoll ihre Hände krallen!

Des Schicksals Wolke schwillt von Osten schwer
Schwarz schlagend ihren Schwalch von Brand zu Brand
Und Rufer stehen auf. Die Erde schreit:
Bereitet Euch: gekommen ist die Zeit!
: Und an der todversöhnten Erde Rand
Steht hell der große Stern der Wiederkehr.

Es steht der Kommende schon auf der Schwelle.
Der große Heilende den niemand kennt.
Aus letzter Qual die letzte Inbrunst brennt:
Dann steigt er glühend aus der Herzen Helle.

Noch ist von Haß verschüttet jede Quelle
Noch ist von Fremdheit Mensch von Mensch getrennt:
Einst braust *ein* Schrei empor zum Firmament
Millionen Herzen werden *eine* Welle:

In dumpfer Marter wenn die Erde stöhnt
Das Haupt in Schauer und in Schuld geneigt
Vor *ewigem* Geiste den sie frech verhöhnt
Dann naht die Stunde wo Er niedersteigt.
Und ER tritt vor wann alles harrt und schweigt
Und spricht das Wort das Gott und Mensch versöhnt.

VERLÖSCHE DICH und Deine Eitelkeit
Denn siehe großes Licht wird angezündet.
Nur der wird leuchten in Unendlichkeit
Der nicht sein Öl verschwendet an die Zeit
Und der wenn sich die hohe Nacht verkündet
Demütig kommt und spricht: »Ich bin bereit.«

Der Ruf

Noch zerrt er uns oft schreckhaft an den Haaren
Der Krieg reißt klirrend uns in Flammennacht
Starrt uns ins Antlitz, hohl und überwacht
Und zwingt uns in den Marsch der Totenscharen.

Im grellen Blitz zerflackt Gewölk von Jahren
Der Regen rauscht; granatenüberkracht.
Es brodelt tief durch unser Herz die Schlacht
In unserm Nacken knistern die Gefahren.

Und Angesichter wehn an uns vorbei
Mit blutigem Lächeln. Und verkrampfte Hände
Sind aufgekrallt aus schlammigem Trichterbrei.
Wir liegen hingeduckt grau ins Gelände:
Da schmeißen sich auf uns der Hölle Brände –
Und wir erwachen jäh mit irrem Schrei.

Die Regimenter rauschen dumpf daher.
Millionen Männer gehen in die Schlacht
Vor ihrem Marschschritt reißt der Saum der Nacht
Ihr Weg ist grau und ohne Wiederkehr.

Ihr Blick ist Qual und Tod. Die Brust geht schwer.
Sie sind des großen Krieges blutige Fracht
Sie sind das Opfer einem Nichts gebracht
Und dunkle Trauer schwankt von Heer zu Heer.

So ziehn sie hin im müden Herdentrotte.
Durch Nacht und Tag. Der Leiber Mauer dampft.
Ein Alter flucht. Ein Kind blickt wirr und sanft
Ein Irrer betet laut zu seinem Gotte
Schon fallen hohlen Augs und wild verkrampft
Die Sterbenden aus der zersprengten Rotte.

WIR TAUCHTEN in den Glanz der Kathedralen
Indes Kanonen aus den Wäldern schrien
Wie Kinder fröhlich sahn wir Flieger ziehn
Und groß wie Adler in der Sonne strahlen.

Wir sahen Greise an den schreckhaft fahlen
Fetzen von Häusern wie versteinert knien
Und sahen Weiber, Kinder kreischend fliehn –
Und wir begriffen nichts von all den Qualen:

Doch als am Abend vor dem ersten Tag
Das Regiment auf freiem Felde lag
Und rot der Nebel durch die Brände dampfte
Geschahs, daß jedes Herz sich angstvoll krampfte
Als spürt es noch des Blutes roten Schlag
Eh es der Tod in seine Bütten stampfte.

DER REGEN FETZT. Im gelben Lehm verklebt.
Ganz hingeduckt ins Sterben. Kugeln sirren
Granaten singen. Bersten. Scherben klirren.
Kaum daß die Wimper zuckt. Die Lippe bebt.

Wie brünstig jeder nah am Tode lebt!
Gedanken weit durch blühnde Gärten irren.
Ein Liebeswort ein dunkler Traum verwirren
Ein süßes Bild im hellen Wahnsinn schwebt ...

Zerhackter Wald. Stoßtrupp in Pulverschwaden
Spukhafter Tanz. Zerrissenes Geschrei.
Der Feind bricht vor. Der Nebel reißt entzwei.
Kein Herz. »Visier achthundert.« Ruhig geladen.
Nur mehr Soldat. Scharf zielen. Einerlei
Mag Leben oder Tod uns jetzt begnaden!

NACHT. Viele Männer. Keuchend. Gräber. Rot
Wehen die Funken. Eis fällt aus den Falten
Klirrenden Himmels. Dunkle Schatten halten
Am Saum des Morgens, der von Bränden loht.

Gebälk springt knisternd. Tappende Gestalten.
Manchmal Gesichter. Schrecklich. Voller Tod.
Gewehre. Schlaf. Feldküchen. Plötzlich droht
Haubitzenschrei das Firmament zu spalten.

Pferdegetrappel. Aufbruch. Lärm. Befehle.
Die graue Schlange schiebt sich aus dem Dorf.
Wolken voll Sonne. Flieger. Nebelfetzen.
Krieg liegt auf welkem Land wie grauer Schorf.
Ein Wald verschlingt uns. Reißt uns in Entsetzen.
Wir bersten vor. Tod springt uns an die Kehle.

DER REGEN floß in uns. Der Herbststurm wühlte
In unsrer Hoffnung frühverwelktem Wald.
Wir trugen sommerglühnd und winterkalt
Die Jahre, Klumpen, die kein Schwall verspülte.

Die keiner frohen Stunde Lächeln kühlte.
Wir unerbittlich in die Zeit geballt
Wer löste uns aus tödlichster Gewalt
Daß unsre Seele sich verströmen fühlte!

In Höhlen zäher Einsamkeit verkrochen
Von Frau und Freund von Welt und Glanz
                                                  verschwemmt
Gigantisch in den Fels des Kriegs gestemmt
Ganz ohne Trost zerblutet und zerbrochen
Zerfetzt, zersägt, zermartert von den Stunden
Eh noch der Tod in unser Herz gefunden.

JA WIR SIND müde. Immer Tag und Nächte
Umzuckte uns die tödliche Gefahr.
Grausamer wuchs die Qual mit jedem Jahr
Verhängt dem schuldverfallenen Geschlechte.

Noch rühren sich die Trommeln zum Gefechte
Noch rasselt dumpf der Kämpfer Eisenschar
Noch herrscht der Krieg wo niemals Friede war
Und ungebrochen sind des Hasses Mächte.

Die letzte Schlacht zu schlagen an den Grenzen
Der Menschheit sammelt schon sein Heer der Tod:
Um Dich und Dich um alle will er werben.
So wandern wir Soldaten tief ins Sterben
Wir, deren fahle Stirnen schmerzlich glänzen
Im flammend aufgebrochnen Morgenrot.

Du Volk hoch über allen Heldensagen
Von Deines Ruhmes Fahnen stolz umbauscht
Das du von Siegesadlern überrauscht
Kühn Deine Waffen durch die Welt getragen:

Und jetzt so klein, so welk und so zerschlagen
Daß es den hohen Stimmen nicht mehr lauscht
Bist Du dies Volk noch? Bist Du so vertauscht
Zu eitler Zwietracht kläglichem Verzagen?

Wie das nun geil nach niedrigen Geschäften
Den Würmern gleich im faulen Aase kriecht
Nur dort sich rührend wo es Vorteil riecht
Sich selbst vergiftend in den besten Säften:
War dies mein Volk, bestaunt ob seinen Kräften
Das nun so ruhmlos sinkt und qualvoll siecht?

Die Zeit

Wie Adern Goldes in den Berg versprengt
Der ungeheuer lastet im Gesteine
Und den die Knappen haun beim fahlen Scheine
Der Lampen keuchend in den Schacht gezwängt:

Sind unsre guten Tage eingeengt
In graue Jahre und das wenige Reine
Das unser ist umlastet das Gemeine
Das sich um unsre müden Schultern drängt.

Und jeder steht allein im dumpfen Schachte
Der Zeit und wühlt nach seinem kargen Glück.
Es wächst je tiefer er sich abwärts hämmert
Die Angst daß ihn die Stunde ganz umnachte
Und keiner weiß den Weg dorthin zurück
Wo blau das Licht der Kindheitstage dämmert.

WIE SCHIEN die Erde fest von unsern Taten
Mit Haus und Schiff und Tempel aufgebaut!
Wie waren wir vom Tage überblaut
Und aller Segen ruhte auf den Saaten!

Wie sicher schien der Grund darauf wir traten.
Vom Lärm der Arbeit ward die Stunde laut
Wie haben froh die Jahre wir geschaut
Die sich im ruhigen Kreis der Sterne nahten ...

Schon trug die Jugend der Verheißung Zeichen
Sie war bereit schon, brüderlich und gut
Sich über Völker hin die Hand zu reichen:

Aufbrach uralte Schuld, die lang geruht
Und von den Frohen, von den Lebensreichen
Ward nichts gefordert mehr als Blut und Blut ...

Aus grauen Kerkern böser Schul entlassen
Wie schrien wir nach dem Leben das uns glühte
Wie standen unserm schwellenden Gemüte
Die Stunden nah ein Kranz ihn froh zu fassen!

Doch da wir liebten stieg das dunkle Hassen
Wie Wetterwolken auf daß schwer es wüte
Im grünen Garten unserer jungen Blüte ...
Wir mußten uns vom Sturm zerwühlen lassen

Und diese Tage die wir so ersehnten
Zu denen wir aus bleicher Traurigkeit
Und kleiner zarter Fröhlichkeit gereift
Voll Inbrunst uns in heiße Nächte lehnten
Die fühlen wir jetzt ohne Glanz vergleiten
Eh unser Herz sein dunkles Blut begreift.

WER WANKEND war, der wird nun völlig fallen.
Wer schon voll Abend war, wird jetzt voll Nacht.
Betränt wird sein, wer selten sonst gelacht
Und wer schon leise war, wird ganz verhallen.

Denn viele Fremdheit wohnt jetzt zwischen allen
Und vieles schläft, was bislang noch gewacht.
Und was im schweren Schwall der Zeit verflacht
Läßt sich nicht mehr zu tiefem Leben ballen.

Wer nicht in sich den ewigen Sinn gefunden
Und seines Weges schreitet unbeirrt,
Bereit, sich immer neu emporzustemmen
Wie auch die Erde von Vernichtung klirrt:
Den werden unbarmherzig diese Stunden
Hinunter weit ins Wesenlose schwemmen.

Die Städte winden sich in wehem Krampf
Erschauernd vor dem knisternden Zerbruch.
Von Schweiß und Schwären hebt sich ein Geruch
In Nacht verschwelend als ein ekler Dampf.

Gemauert in den unabwendbarn Fluch
Stöhnen sie auf in ihres Werks Gestampf.
Der Essen Rauch: Fanal für ewigen Kampf
Brennt in den Himmel wie ein Fahnentuch.

Sie weinen ewig ihren stumpfen Ton
Sie knirschen berstend auf aus ihrer Fron
Sie ducken sich verzerrt in Haß und Hohn –
Durch helle Straßen braust noch Lust und Licht
Indes aus den zerquälten Herzen schon
Der gelle Wutschrei der Empörung bricht.

Vor einer Dirne fleischernem Glanz erbleichen
Die Städte taumelnd und von Gier geschwellt.
Es rast der Mord. Und alles Blut wird Geld!
Und letzte Liebe muß dem Wahnwitz weichen.

Und Menschen stürzen heulend aufgeschnellt.
Schlucht brennt vor Lust. Maschine stampft durch Leichen.
Die Dirne lacht. Tod tropft von ihren Weichen.
Der Reichtum braust. Schrei der Enttäuschten gellt.

Geschwemmt in des Verderbens Katarakt
Birst jäh ein Knäul. Noch Schaum der Gier vorm Munde.
Sie steht umblitzt von Gold. Gefährlich nackt.
Der Himmel flammt. Es bricht die reife Stunde.
Welle von Aufruhr wälzt sich aus dem Grunde
Der Menschheit die im Sturz die Städte packt.

Gib Demut, Gott, Demütigung zu tragen
Und gib uns Mut für so viel Übermut!
Dämm' in den Herzen die gerechte Wut
Daß nicht des Hasses Flammen daraus schlagen!

Hart war der Kampf. Doch härter wird Entsagen.
In Strömen floß der besten Jugend Blut.
Wann wird aus dieser heiligroten Flut
Das sanfte Land des wahren Friedens ragen?

Doch in der schweren Nacht die nie zerreißt
Steht der Vernichtung todesschwangere Wolke
Die dumpf sich schleppt in schwarzem Schwadenzug.

Herr! ist Dir unsre Angst noch nicht genug?
So schleudere den Blitz der uns zerschmeißt!
Doch einmal gib Erlösung Deinem Volke!

Wer hörte einen Warner an der sprach
Als es noch Zeit war Vieles zu verhüten?
Die Worte reiner Menschlichkeit verblühten
Und welkten auf den Äckern blutiger Schmach.

Wer warf nicht Steine den Propheten nach
Die einsam standen in dem tollen Wüten
Die sich mit letztem Schrei nach Liebe mühten
Bis ihre Stimme in dem Sturm zerbrach:

Nun schmäht nicht uns wenn wir zur Seite stehen
Da Babels Turm vermessen aufgebaut
Jäh über Euern Häuptern niederbricht.
Wir lagen in den Knien Euch anzuflehen
Denn Euer Grauen hat uns längst durchgraut
Und lang voraus schlug uns dies Weltgericht!

DEUTSCHLAND

So wie ein Blinder seinem Knaben traut
Der ihn durch Nacht und Sturm nachhause führe
Und der es ihm bezeugt durch hundert Schwüre
Er sei mit Weg und mit Gefahr vertraut –

Nur manchmal wird des Blinden Zweifel laut
Dem ists als ob er es im Tasten spüre
Man müsse längst vorbei sein an der Türe –
Doch hält er sich an den der für ihn schaut!

Also vertraute sich das Volk den Großen
Die vieles sahen was sonst keiner sah.
Doch manchmal schien es selbst den Ahnungslosen
Die helle Stunde wäre brennend nah
Und waren so voll Angst weil nichts geschah:
Und stehen jetzt betrogen und verstoßen ...

Dir bleibt, o Vaterland, kein Leid erspart.
Dich schlägt Dein Gott, auf daß Du ihn erkennest
Daß Du die Wahren von den Falschen trennest
Und so erschlössest Deine tiefere Art.

Wie Du auch in des Schicksals Feuern brennest:
Das Unvergängliche bleibt Dir bewahrt
Wie viele stürzen einst um Dich geschart:
Sorg Du daß Du die Deinen recht gewännest!

Du glaube nicht, daß Dich Dein Gott verstieß
Da er den Sieg Dir aus den Händen wand:
Deutschland was an Dir tödlich war ist tot!
Dem Sterne traue der sich hell verhieß
Und steige in der Menschheit Morgenrot.
Wie eine heilige Brücke: Vaterland!

DIE GRAUEN Geier der Verzweiflung hocken
Auf unsrer Brust mit einem bösen Lauern.
Wer hofft noch diese Qual zu überdauern
Wem will das Blut nicht in den Adern stocken?

Und auf die Erde weint ein dunkles Trauern
Der Sehnsucht süße Vögel fliehn erschrocken
Kein Tag will mehr zu neuen Ufern locken
Nacht ists und Sturm darin wir dumpf erschauern.

Schon nahn die schwarzen Schwingen. Mit Gekreisch
Ist alle Luft erfüllt. Sie stoßen nieder
Mit krummen Schnäbeln hacken sie das Fleisch
Das Herz zu zerren aus dem Bau der Glieder...
Mein Volk an Deines Schicksals Fels gekettet
Wann kommt der Held, der Riese der Dich rettet?!

Blick auf, mein Volk, zu Deinen großen Taten
Demütig stolz. Nicht in vermessnem Wahn.
Dann schaun Dich Deine Meister schweigend an
Und Du erkennst wie tief Du sie verraten.

Verschüttet der Entscheidung strenge Bahn
Die sie in hoher Führerschaft betraten.
Wie mußt Du nun durch Weh und Wirrnis waten
Dein Heil zu suchen das Du so vertan!

Doch stehen unerschüttert noch die Zeichen
Und tun Dir Deine ewige Sendung kund.
Tief ist und rein Dein mütterlicher Grund
In den die Stürme dieser Zeit nicht reichen.
Aus ihm bricht durch die wuchernde Verwesung
Die stille Kraft, der Glaube an Genesung.

ICH HÖRE, Deutschland, deine Wälder wehen
Auf Deinen Bergen steh ich, Heimatland!
In Deine Erde wühlt sich meine Hand
Ich horche tief auf Deines Blutes Gehen!

So liebt ich Dich noch nie. So heiß empfand
Ich nie das unerbittliche Geschehen:
Du mußt den Leidensweg zu Ende gehen
Muß rein Dich brennen in dem furchtbaren Brand.

Du mußt erst sterben eh Du neu beginnst.
Dein Tun war Wahn. Dein Weg war falsche Bahn:
Du bist gerettet wenn du dich besinnst.

O glaub daß Gott Dich so am Herzen trug
Daß ihm der Schlag mit dem er auf Dich schlug
Selbst weher tat als er Dir weh getan.

Mein deutsches Vaterland, wer kennt Dich ganz?
Wir sehn Dich nur aus unsrer armen Enge
Aus dumpfen Städten aus verstörter Menge
Aus Fron und Frevel, Taumel, Tod und Tanz ...

Doch wer Dich blühn sah in der Berge Kranz:
Das weite Land im festlichen Gepränge
O Deiner Ströme brausende Gesänge:
Der sinkt ins Knie vor Deinem hohen Glanz.

Und da er Dein Gebirg und Tal durchschreitet
Und Deiner Erde kraftvoll Wachstum sieht
Wird ihm das Herz in froher Lust geweitet
Und alles Schicksal das Dir heut geschieht
Ist wie ein Traum der aus dem Haar ihm gleitet
Und jauchzend tönt in ihm Dein ewig Lied.

VERTRAU MEIN Volk daß dennoch Du gesendet
Wie immer auch der eigne Lästerer schilt
Dem nur das Nahe und das Eitle gilt
Was sichtbar sich zum eignen Vorteil wendet.

Was Du in die Jahrtausende verschwendet
Ist Saat daraus der Menschheit Segen quillt
Dein tiefstes Wesen bleibt Dir ungestillt
Eh Du nicht Deinen schweren Weg vollendet.

Geheimes Vaterland das Du in Träumen
Tief unterm Lärm der lauten Schreier brausest
Das Du dem Sturme gleich in hohen Bäumen
Gewaltig um der Edlen Häupter sausest:
Du magst wohl mit dem Auferstehn noch säumen
Da Du bereit in sicherer Stille hausest.

MEIN VOLK: Auch dieses Schicksal wird verjähren
Wir sind verblutet. Zeit schließt bald die Wunden
Der Enkel wird an unsrer Not gesunden
Den glücklichere Mütter einst gebären.

Uns fielen zu die längstgelosten Stunden.
Die Zeit war reif. Nichts aus dem Ungefähren.
Die Klage laß: Wir hätten und wir wären.
Denn wir *sind* dem Geheimnis tief verbunden.

Schon freilich schlägt die Welle von Vergessen
In das, was uns durchloht in heißen Bränden...
Wie wird erst spätre Zeit es leichter messen!
Und nur wenn einer vielleicht einsam steht
In grauer Nacht müd und hinausgeweht
Nimmt unser Leid ihn schluchzend bei den Händen.

Der Ruf

Ich bin der Rufer nur, der einsam steht
Der aus den Wolken schwer von dunklem Leid
In Eure notzerspaltnen Herzen schreit
Daß meiner Stimme Inbrunst Euch durchweht!

Ich aber die Ihr hoch mich schreiten seht
Auf letzten Bergen der versunknen Zeit
Die Ihr die wenigen Erwählten seid
Hört meiner Worte flammendes Gebet:

Die Stunde reift. Die alte Erde kreißt
Aus ihren letzten Wehen rinnt das Blut.
Gewaltig wird sich scheiden Macht und Geist!
Herauf zu mir! Die Tempel stehn verwaist.
Den Hütern schirmt des Heiligtumes Hut:
Wer rettet Euch wenn Ihr es selbst nicht tut?!

DES DUNKLEN Schiffes Steuer sind gerichtet.
Schon spüren wachsen wir des Gottes Wind:
Die wir seit langem schon gerüstet sind
Brüder! Zeit ists daß Ihr die Anker lichtet!

Wer zaudert noch daß er die Fahrt beginnt.
Blickt her: Die alten Tempel stehn vernichtet.
Doch in dem neuen Land das bald Ihr sichtet
Harrt schon der Grund daß Ihr den Bau beginnt.

Der Väter Land ist unseres nicht mehr.
Nichts löscht die Schande mehr die sie gehäuft.
Und keine Sühne tilgt den furchtbarn Mord.
Nehmt was Euch heilig ist mit Euch an Bord:
Seht! Vor den Stürmen der Vernichtung läuft
Uns strahlend hell der Stern der Gnade her!

WER TRÄNEN hat zu weinen, o der weine!
Was frommt es selber nicht in Not zu sein?
An seinem Tische satt von Brot zu sein?
Wer sich verschließt gibt seinen Brüdern Steine!

Daß Euch die große Liebe ganz vereine
Fühlt dieses Dunkle: nah dem Tod zu sein.
Von einem Brande ganz durchloht zu sein.
Der in Euch rast mit seinem roten Scheine

Der schon verzehrender Euch alle faßt
Da Ihr Euch noch am Tisch des Lebens glaubt.
Zur Unzeit sitzt Ihr lächelnd dort zu Gast!
Flammend und ungeheuer angezündet
Ist schon Vernichtung über Euerm Haupt:
Weh wenn Euch erst der Untergang verbündet!

Musik des Tods! Es rast um uns das Sterben!
Wir aber leben; leben und sind jung!
Und unser Sinn ist die Verwirklichung.
Wir müssen reifen mitten in dem Herben!

Auf flammt der Strahl! Die Welt zerbirst in Scherben!
Da reißt sich schon aus uns der neue Schwung.
Der Abgrund heult! Nun tut den großen Sprung!
Ganz ohne Gnade wälzt sich das Verderben!

Nun gilts sich ungeheuer zu erheben:
Glaubt Ihr umsonst vom Tod verschont zu sein?
Uns trifft wie Fluch der Brüder letzter Schrei:
»Ihr die Ihr leben dürft lebt groß und frei!«
Auf bricht die Tat in der wir hymnisch schweben
Und jauchzend schwenken wir in Menschheit ein!

Freunde, wo ist ein Halt wenn Ihr nicht haltet?
Wo ist noch Glaube, o wenn ihr nicht glaubt?
Wo grünt noch Hoffnung, o wenn Ihr entlaubt
Und wo ist Kraft wenn Ihr sie nicht entfaltet?

Wo ist noch Flamme o wenn Ihr erkaltet?
Wo ist Erhörung o wenn Ihr vertaubt
Und wo ist Liebe wenn Ihr selbst beraubt
Und wo ist Glück wenn Ihr es nicht gestaltet?

Um unsere Stirnen kreisen Gottes Sterne
Auf unsern Schultern ruht der Erde Bau.
Wir sind die Nähe und die letzte Ferne
Wir sind Gewicht der Welt und sind die Waage
Wir sind die Schaffenden und sind die Schau
Und Gottes Anker auf dem Grund der Tage.

WIR MÜSSEN wach sein, denn die Nacht ist schwer.
Wer einsam geht der suche nach den Seinen.
Wir müssen uns zum heiligen Bund vereinen
Zu starker Gegenwart und Gegenwehr.

Verwehen werden die nur Menschen scheinen
Verworfen wird wes Herz von Wundern leer.
Einst kommt die Stunde großer Wiederkehr
Und wird die trösten die um Deutschland weinen.

Den Krämern laßt ihr Geld. Den Ruhm den Schlächtern.
Den Huren laßt ihr flitterndes Gegleiß
Des Lebens falsche Freuden dem Geschmeiß.
Mit Stolz bekennet Euch zu den Verächtern
Und tretet zu den namenlosen Fechtern
Die schwertlos ringen um den hohen Preis.

JA, EINMAL sei es in die Welt geschrieen:
Wer je den Dingen ihren Lauf gelassen
Wer nie sich mühte letzten Sinn zu fassen
Wer heimlichem Verrat sein Ohr geliehen

Wer seiner schweren Sendung zu entfliehen
Sich feig vermengte schicksallosen Massen
Wer nie gewagt zu lieben und zu hassen
Ja der ist schuldig! Nie sei ihm verziehen!

Die große Stunde der Entscheidung kam.
Wir aber waren tief in uns verstrickt.
Vom Himmel fielen brausend Gottes Flammen.
In unsrer Ärmlichkeit sind sie erstickt;
Nun stehen wir in tatenloser Scham
Und schwer und dunkel bricht die Welt zusammen.

Noch ist der Worte letztes nicht gesprochen!
Daß Ihr mir nicht zu früh das Schicksal höhnt
Weil es nicht Schlag auf Schlag herunterdröhnt.
Ihr Toren, die Ihr zählt nach Tag und Wochen!

Die Wunde ist noch gar nicht aufgebrochen
An deren Schwären Ihr Euch schon gewöhnt
Nennt Heilung nicht, was flüchtig Ihr versöhnt
Und was doch heimlich frißt an Mark und Knochen.

Wie Ihr auch marktet noch und mault und munkelt
In kleinliche Geschäftigkeit verstrickt
Wie Ihr auch mit des Tags Gewölk verdunkelt
Das Auge das entsetzlich auf Euch blickt:
Schon fühlt Ihr dumpf wie Euer Herz erschrickt
Wenn dieses Auge zornig niederfunkelt!

Das Gerüst

Wir Überschütteten von fremden Tagen
Von einer tausendfachen Welt zerteilt
Da uns die Stunde grauenvoll enteilt
In der sich Schrecken und Begierden jagen

Wir unentrinnbar in das Leid verkeilt
In Stunden letzter Einsamkeit verschlagen
Die wir verlernten nach dem Sinn zu fragen
Der wie ein Stern im Gang der Jahre weilt:

Wir Übersättigten von tausend Bildern
Von denen eins das andere zerstieß
Die wir am leeren Überfluß verwildern
In einer Welt die alle Scham verließ
Wie sollten wir die allzuviel noch *scheinen*
Zu einem Bund der Seienden uns einen?

Schon ist des Meisters Ruf an uns ergangen
Herströmend aus der Nacht zerteiltem Blau
Da brünstig flehend um Geheiß und Schau
Wir bang an seinem dunklen Mund gehangen

Wuchs aus uns selbst Sein Wille anzufangen
Von neuem den uralten heiligen Bau.
Nun stehen wir im Morgen schwer und grau
Erwartungsvoll das Werkzeug anzulangen.

Da hebt sichs aus den Tiefen wie ein Wind
Die Nacht in Schollen von den Himmeln bricht
Und wie am ersten Tage wird es Licht.
Da wissen wir daß wir berufen sind
Und da um uns der Lärm des Werks beginnt
Brennt Gottes Feuer uns im Angesicht.

Nun ist die Nacht der Reden und Gesänge
In der wir uns versammeln um das Licht
Daß aus dem Worte das der Bruder spricht
Die heilige Flamme auf uns überspränge.

Und es bedarf der eitlen Worte nicht
Denn jeder kennt des andern Kraft und Enge.
Doch unsres ewigen Geistes klare Strenge
Strahlt hell von Angesicht zu Angesicht.

Wir rüsten uns in wachsenden Gesprächen
In uns die hohe Stunde zu bereiten
Daß wir an diesen Jahren nicht zerbrächen
Wir an der Grenze zwischen Tag und Tod.
Das Licht inmitten wächst durch Nacht und Not:
Dem Sinnenden wird nie der Sinn entgleiten.

Wir sind des Steinbruchs weitverwachsne Schächte
Aus denen sich des Domes Quadern heben.
Wir sind die Hauer ihnen Form zu geben
Wir sind die Meister und wir sind die Knechte.

Und doch was hülfe unser dienend Streben
Wär nicht der eine der es überdächte
Der seinen Plan in unsre Arbeit brächte
Und in die Hände unsres Tuns sein Leben?

So wartend auf des großen Meisters Stärke
Halten wir inne oft mit unserm Schlagen.
Und manchem von uns ist es oft er merke
Des Gottes Abkehr an der Hand Versagen:
Da aber schwillt er schon um all die Zagen
Und reißt sie stürmend auf zum heiligen Werke!

EH WIR AM Morgen ins Gerüste steigen
An jenem Morgen der wie Keiner glänzt
Daß es der Gott mit seinem Wissen kränzt
Laßt uns in Demut unsre Häupter neigen!

Er soll uns die verschwiegnen Pläne zeigen
Und wie sich fügsam Stein auf Stein ergänzt
Wo unser Wille an den Seinen grenzt
Daß wir die Arbeit tun in Kraft und Schweigen.

Denn nur wenn jene letzte Inbrunst brennt
In unsern Herzen sind wir wert zu bauen
An diesem Tempel den Er uns verhieß
Und Keiner der nicht letzte Ehrfurcht kennt
Und allen eignen Willen von sich stieß
Ist je geweiht des Werkes Sinn zu schauen.

Dass unser Blick ein Doppeltes behält
So müssen wir auf dem Gerüste stehen:
Wir müssen unten tief die Krypta sehen
Das Heiligtum um das der Dom sich stellt.

Wenn dann geweiht zu schaun das Auge fällt
Auf dieser Tage furchtbares Geschehen
Wird unser Sinn nicht mit dem Sturm verwehen
Und unser Herz nicht brechen an der Welt.

Denn aus der Tiefe der verworrnen Stunde
Emporgehoben an des Himmels Blau
Aufwachsend mit der steigenden Rotunde
Sind wir die Bauenden und sind der Bau
Doch aus der Krypta streng verschwiegnem Grunde
Quillt uns die Kraft der Arbeit und der Schau.

DIE MENSCHHEIT wächst. Des heiligen Doms Gemäuer
Ragt in des Schicksals strenge Sternennacht.
Und schon sind näher strahlender entfacht
Um unsre Stirnen alle Himmelsfeuer.

Wir hören schon den dunklen Ruf Getreuer
Aus allen Tiefen. Und aus Schicht und Schacht
Schwillt jauchzend um die Meister Fron und Fracht:
Werkleute strömen wachsend ungeheuer!

Es strahlt der Geist der Tat auf den Gesichtern
Steigend in das Gerüst mit tausend Lichtern
Flammen sie plötzlich auf in einem Licht!
Sie spüren Werkkraft in den jungen Händen
Und fühlen wie das brausende Vollenden
Ein Feuerstrom aus ihren Herzen bricht.

AM SIEBTEN TAGE ruht der Bau und schweigt
Und aus den Händen legen wir die Kelle
Und vom Gerüste Meister und Geselle
Aus der Rotunde in die Krypta steigt.

Es liegt des Todes Schauer auf der Schwelle
Und jeder geht hindurch das Haupt geneigt
Voll Demut daß sich das Geheimnis zeigt
Das ihm des Werkes dunklen Sinn erhelle.

Hier ist die Quelle wundersam gespeist
Aus ewigen Wassern die man nie ergründet
Hier ist die Stelle wo des Gottes Geist
Zu tiefst sich ründet magisch uns verbündet
Und uns in seiner Welle aufwärts reißt
Bis wir voll neuer Kraft im Werk gemündet.

DAS GESICHT

Die suchen in den Sternen die Beschwörung
Und jene forschen in verworrner Schrift.
Die harren auf das neue Bundesstift
Zum alten Gott flehn andere um Erhörung.

Noch andre stürzen in sich all das Gift
Der kranken Zeit und lechzen nach Zerstörung.
Aufknistern fahle Blitze der Empörung
Doch keiner bis zum Grund der Lüge trifft.

Die Zeit ist um. Und niemand weiß mehr weiter.
Kaum ein paar Toren hoffen noch auf Flucht.
Die Menschheit wartet auf ihr letztes Staunen:
Entsendet sieht sie schon die furchtbarn Reiter
Am Mund der Engel lautlos die Posaunen
Bereit zu dröhnen in erhabener Wucht.

Was wir auch tun: Nichts tut uns mehr Genüge
Denn Allzutiefes haben wir erkannt.
Der unbarmherzigen Wahrheit weh verwandt
Gehn wir jetzt ungern im Gewand der Lüge.

In dieser Tage ehernes Gefüge
Als Wissende doch ohne Macht verbannt
Des Gottes Zeichen in die Stirn gebrannt
Bangt unser Herz, daß es sich selbst betrüge:

Denn ungeheuer ist der Welt Verführung
Und wir sind tief an ihrem Wesen krank
Ja sind so preisgegeben der Berührung
Daß immer neu das hohe Ziel versank
Und wir verfluchend unsere Erkürung
Sehnsüchtig griffen nach dem dunklen Trank.

GEWANDERT WEIT aus der Jahrtausende Tiefen
Am Schicksal aller Zeiten weh gereift
Steht nun die Welt am Ende und begreift
Die dunklen Stimmen die sie bange riefen.

Da wachen Schrecken auf die lange schliefen
Ballt sich Gewölk das ruhelos geschweift
Verjährte Macht und Geltung wird gestreift
Wie Siegel von geheimnisreichen Briefen.

Ihr freilich lebt noch sicher, wohlgelaunt
In satter Stumpfheit ärgerlich erstaunt
Daß Einer kam den Traum der Welt zu stören:
Als müßtet Ihr erst sehen Ihn und hören
Wie Er umwölkt von seinen Engelchören
Das große Weltgericht herabsposaunt.

Die grosse Leiche liegt noch unbestattet
Zerfäulend hingestreckt von Meer zu Meer.
Das Angesicht der Welt ward welk und leer
Von diesem bösen Sterben überschattet.

Zerfallen ist was einst sich süß gegattet.
Das Schöne hat kein Recht auf Erden mehr.
Die Zeit versinkt in der Verwesung schwer
Und selbst des Schicksals Blitze sind ermattet.

Was frommt es wenn Zehntausende nicht hören
Daß einer flehentlich zur Sühne rät.
Wer ist bereit den Toten zu begraben
Wer ist bereit mit heiligen Opfergaben
In letzter Stund den Himmel zu beschwören
Eh noch sein Zorn herniederschreit: »Zu spät!«

Der Himmel bricht. Blutrote Sterne fallen
Auf kranke Städte jäh in Mord und Fest.
Die brechen faulend auf in ekler Pest.
Himmel und Erde gräßlich widerhallen

Vom Schrei der Menschen die sich schluchzend ballen
In Haß und Liebe grauenvoll gepreßt
Aufheulend zu dem Gott der sie verläßt
Nach dem sie angstvoll ihre Hände krallen!

Des Schicksals Wolke schwillt von Osten schwer
Schwarz schlagend ihren Schwalch von Brand zu Brand,
Und Rufer stehen auf. Die Erde schreit:
Bereitet Euch! Gekommen ist die Zeit!
Und an der todversöhnten Erde Rand
Steht hell der große Stern der Wiederkehr.

Es STEHT DER Kommende schon auf der Schwelle
Der große Heilende den niemand kennt.
Aus letzter Qual die letzte Inbrunst brennt:
Dann steigt er glühend aus der Herzen Helle.

Noch ist von Haß verschüttet jede Quelle
Noch ist von Fremdheit Mensch von Mensch getrennt
Einst braust *ein* Schrei empor zum Firmament
Millionen Herzen werden *eine* Welle:

In dumpfer Marter, wenn die Erde stöhnt
Das Haupt in Schauer und in Schuld geneigt
Vor ewigem Geiste den sie frech verhöhnt:
Dann naht die Stunde wo Er niedersteigt
Und Er tritt vor wann alles haßt und schweigt
Und spricht das Wort das Gott und Mensch versöhnt.

Der Herr, der kommt, fragt nicht mehr nach Gesetzen
Die giftig wuchern in verruchter Zeit
Und was der Menschen Lüge, Haß und Neid
Zum Recht erhob, reißt lachend er in Fetzen.

Er wird sich aller Herkunft widersetzen
Fortwerfend des Jahrtausends buntes Kleid
Wird er als Kämpfer stehen, nackt, bereit
Bis auf den Grund die Menschheit zu verletzen.

Denn er wird wissen, daß wir erst gesunden
Wenn die verfrühten Narben er zerreißt
Wenn er die Welt, von falschem Wahn zerschunden
Durchlodert und verzehrt mit reinem Geist
Und dann erst aus den heilig glühenden Wunden
Den großen Ring des neuen Bundes schweißt.

Er wird wohl sehen, wie die Vielen leiden
Jedoch sein Mitleid wird die Härte sein.
Er setzt die Kraft am höchsten Punkte ein:
Er wird zur Macht, zur Schönheit sich entscheiden.

Er wird hindurchgehn durch der Armen Pein
Was krank und fäulend ist, wird er vermeiden
Das falsch Vermengte wird er strenge scheiden
So reinigend macht er die Erde rein.

Vergeblich ists mit Frettern sich zu fretten
Ihr Wesen ist wie Schlamm und bleibt sich gleich
Er wird nicht kommen viele gut zu betten
Das Glück der Menge macht die Welt zu weich.
Zuerst wird er die Wesentlichen retten
Die Sucher und die Säulen für sein Reich.

Monde und Tage

NACHTMUSIK

Auf einer Wiese von grünen Geigen
Tönt eines Hirten blaue Schalmei.
An Bergen, die in den Hörnerglanz steigen
Ziehen die Bässe des Abends herbei.

Und nun stehn die erbarmungslosen
Engel auf ihrer ehernen Wacht,
Und ihre schwarzen Posaunen stoßen
Sterne in die erklirrende Nacht.

MONDE UND TAGE

Zerfallen sind Monde und Tage
Wie Burgen am alten Strand.
Nun weht eine zitternde Klage
Durch mein verwunschenes Land.

Wie eine verschollene Märe
Aufbricht das begrabene Jahr:
Wie schön es gewesen wäre –
Wie traurig es war ...

Der Stern

O nächtiger Gang nach solchem Glücke,
Die Stadt ist winterweiß und still.
Es rauscht der Fluß. Es tönt die Brücke.
Am Himmel springt ein Stern in Stücke:
Ein fremder Stern, der sterben will ...

Wohl seh ich tausend andre stehen
Und leuchten wie noch nie so klar.
Und muß doch wie verzaubert gehen;
Denn einen hab ich fallen sehen
Und zittre, ob's nicht meiner war ...

NACHT

Nun wird es Nacht. Aus silbernen Trompeten
Blasen die Engel aus nach allen Winden.
Die fernen Glocken sind wie leises Beten.
Der Abend neigt sich sanft zu den verwehten
Traurigen Herzen, bis sie Frieden finden.

Nun wird es Nacht. Es hebt der wunderklare
Gütige Mond sich aus den Wolkenwänden,
Daß er des Schlafes tiefe Flut befahre.
Die kahlen Bäume sind wie dunkle Haare,
Die bleichen Wolken gleichen weichen Händen.

Nun wird es Nacht. Den Kranken wird es schlimmer;
Schwer legt der Tod die Hand aufs weiße Leinen.
Viele Verlaßne stehn im kalten Zimmer
Und starren ungetröstet in den Schimmer
Der hellen Stadt; und neigen sich und weinen.

Nun wird es Nacht. Die Liebenden umfangen
Sich enger, aus dem kargen Tag gerettet.
Nur manchmal schreckt sie noch ein dunkles Bangen,
Als käme leis der sanfte Gott gegangen,
Der sie zum tödlich süßen Schlummer bettet.

Die Kranken

Sie schwinden langsam hin. Mit leisen Schmerzen
Verbrennen sie an ihrer eignen Glut.
Sie reden mit dem Tod in ihrem Herzen
Und wissen, daß er nicht mehr wehe tut.

Sie neigen sich wie Blumen ins Verwelken
Und trinken ihres Sterbens bittern Duft.
Ihr Antlitz flammt oft wie von roten Nelken,
Es schmilzt um sie vor Zärtlichkeit die Luft ...

Nur manchmal lieben sie das Leben heißer
Hinschwelgend in die Nächte toller Gier ...
Dann fühlen sie den tödlichen Zerreißer
Im Dunkeln lauern wie ein böses Tier.

Vor dem Gewitter

Die Luft steht still. Die Landschaft ist wie gläsern.
Von grellen Zuckungen der Himmel flirrt.
Kein Windhauch streicht in all den Sommergräsern.
Heiß ist die Erde. Tief von Lust verwirrt.
Ein Sonnenstrahl, der durchs Gewölke klirrt,
Ist schon die Tuba, die erdröhnen wird
Am Mund von himmlischen Fanfarenbläsern.

BEI SONNENUNTERGANG

Die Sonne schmilzt den Felsenrand.
Die Schwalben schwirren schwarz im Licht.
Gott geht in Wolken übers Land
Und hat das bärtige Gesicht,
Mit dem ich ihn als Kind gekannt.
Er zieht vorbei und sieht mich nicht.

HOCHGEBIRG

Das Sommergras verdorrt in struppiger Bräune.
Drei Schnitter brechen tief ins Dickicht ein.
Darüber steigen kurzgeschorne Matten,
Wirr überhaun von grau geflochtnen Zäunen.
Der Wald im breiten Atem mächtiger Fichten
Bestürmt den Berg und läuft im eignen Schatten
Den Hang hinauf, bis droben hart am Stein
Die Bäume nur mehr kriechen, krumm und klein.
Dort, wo sie sich, zerzaust vom Sturme, lichten,
Steht eine niedre Alm, mit Stall und Scheunen
Ins Fließen sanfterer Hügel eingebaut.
In deren Grün mit starr zerrißnen Platten
Der Fels herabspringt, stürzend zu vernichten.
Nun strömt der Gletscher lautlos aus dem Firn.
Grün schillert das geborstne Eis, und rein
Schwingt schweifend sich der Schnee im blanken Schein.
Darüber schwer, mit schwarz zerworfner Stirn,
Der Gipfel stumm auf Tod und Leben schaut.

Zuletzt nur Himmel, der ins Ewige blaut.

UM VIER UHR FRÜH

Erster Tag. Der Himmel ist noch weich.
Kaum noch wagt das Licht an ihn zu rühren.
Scheint er doch selbst meinen Wanderschritt zu spüren.
Süße Milch des Morgens, nun gerinnst du gleich.

Wie an einem Seil von Lerchenliedern hängt
Noch lavendelblau das sanftgeschwellte Segel.
Doch die Sonne wirft sich über Bergeskegel,
Und die Welt entflattert, lichtzersprengt.

Der Gletscher

Ströme grellen Lichts im Mittag gleißen,
Und der Schnee in weißen Flammen flirrt
Purpurn unser Blut emporzureißen,
Daß es lodernd in den Schläfen schwirrt.

Droben über die geschweiften Flächen
Greises Haar des Nebels fährt;
Drunten rinnt aus blau geschmolznen Bächen
Ewige Milch, die süß die Täler nährt.

Kraftvoll wippt der Fuß, den Sprung zu wagen,
Die Gefahr bricht auf zu blanker Lust,
Und des Todes kalte Wellen schlagen
Leicht und lautlos an die heiße Brust.

BERGFRIEDHOF

Die Wiesen branden blumenschwer
Bis an die niedere Mauer her.

Holunder, der im Schatten bleicht,
Auf weißen Tellern Schlummer reicht.

Es blüht der Toten stiller Mund
Von Edelweiß und Türkenbund.

Die Berge stehen noch im Licht.
Sie sind schon tot. Sie sterben nicht.

DER MOND

Noch ahnen die Wellen
Sein Flimmern nicht;
Denn Berge verstellen
Sein schimmernd Gesicht,
Doch ruht schon im hellen
Himmel sein Licht.

Wo Wolken sich neigen
In bläulichem Brand,
Da wird er sich zeigen
Dem nächtigen Land.
Gleich wird er nun steigen
Hoch über den Rand.

Jetzt rollt er vom Saume
Und hebt sich, hebt,
Bis er im Raume
Nun lautlos schwebt.
Still. Wie im Traume
Die Flut nur bebt.

Strahlen bekrönen
Dir Stirn dir rein.
Neig dich dem Schönen,
Und es ist dein.
Süßes Versöhnen
Schmilzt unsre Pein.

Schatten verwehen
Am Bergeskranz.
Durch Tränen sehen
Wir in den Glanz,
Drein wir vergehen
Und ruhen ganz ...

MÄRZ

Die Wolken kommen
So leise geschwommen
Im Frühlingsfeuchten
Mit stillem Leuchten
Hoch über die Stadt.

Durch Lächeln und Lieder
Weinen hernieder
Verschollene Tage
Mit trauriger Frage,
Für die mein Herz keine Antwort mehr hat.

OKTOBER

Noch eine Nacht, die voller Sterne war
Und milden Atem hingab.
                        Aber dann
Ein Morgen, der sich rieselnd überspann,
Ein Tag, der müd in Regen niederrann ...
Und Regen lief dem Baum ins welke Haar.

Und von den Ufern stieg ein Frösteln her,
Das sich in jedem grünen Halm verfing.
Und wie es giftig über allem hing,
War keine Lust mehr, oh, in keinem Ding ...

Der blaue See war wie ein graues Meer,
Trüb und unendlich, alt von vielen Jahren,
Und so, als sollt ihn keiner mehr befahren.

Und plötzlich wurden alle Herzen klein,
Und ein Tag holte viele Tage ein,
Die Sommer schienen und es nicht mehr waren.

REINER NOVEMBERTAG

Einmal noch ein Tag voll Milde
Ganz enthoben des Gewichts.
Und die Sonn mit breitem Schilde
Stand im Glanz des leichten Lichts.

Aber bald auf schwarzen Rosten
Mußte lodernd sie verglühn,
Und der Mond stand hoch im Osten
Unreif, wie ein Apfel grün.

Und im grellen Spiel der Farben
Mischte Schwärze sich und Glast,
Langsam nur die Lichter starben
Eingekrallt im kahlen Ast.

Weinrot über Turm und Zinnen
Hing der Abend, groß und hell,
Und im schmerzlichen Verrinnen
Wuchs das zärtliche Pastell.

Bis der letzte Tag vergangen,
Alle Röte abgestreift,
Blieb der Mond am Himmel hangen,
Gelb, zur süßen Frucht gereift.

Nach dem Regen

Der Fluß erzittert leise. Regentropfen
Klopfen
Silbern an den Zweigen hinunter.
Nebel steigen,
Wellen tanzen
Im Glanze
Den Reigen hinunter.
Wir stehn auf der Brücke und neigen
Uns trunken,
Versunken
Ins Schweigen hinunter ...

REGENTAG

Der Tag blieb ungesegnet
Kein Glück ist mir begegnet
Zerwandert und zerregnet
Steh ich allein.

Die Wolken schleifen träge
In ferne Wetterschläge
Die Sonne kommt noch schräge
Mit müdem Schein.

Und alle Straßen stoßen
In einen dunkelgroßen
Zerwehten, heimatlosen
Abend hinein ...

VORFRÜHLING

Dem schwarzen Moor entflattern weiße Birken.
In blinden Spiegeln schaun sich Wolken an.
Zwei Ackergäule in den Furchen stampfen.
Mit kräftigem Schwung, den Flugkreis abzuzirken,
Streut seine Körner aus ein Bauersmann.
Die Krähen rumpeln auf, die er verscheuchte,
Zu kahlen Bäumen, wo sie niederhocken.
Den Berg entlang, wo weiße Nebel dampfen,
Tropft jetzt der Sonne unruhvoll Geleuchte.
Aus brauner Scholle brechen goldne Brocken.
Gebündelt Licht schießt aus der Morgenfeuchte.

EINSAM

Der Himmel, der sich hell zum Wasser drängt,
Glüht an den Rändern aus. Wird schwer und bleiern.
Wie düfteschwül aus seinen weißen Schleiern
Der Garten in den großen Abend hängt...
Wie wollusttief, der Liebe Fest zu feiern,
Der Tag den feuchten Leib der Nacht umfängt.

Ich steh am Fenster, schon in Schwarz gehüllt.
Die Lampe laß ich und die Verse, die ich schreibe,
Ich bin ein großer Wunsch nach einem Weibe,
Verzweiflung in den Rausch der Inbrunst brüllt –

Ich schaue in des Mondes blasse Scheibe,
Die schmerzlich sich mit kaltem Lichte füllt...

AUF DER LANDSTRASSE

Kahle Pappeln, die wie Ruten
Hoch im grauen Abend stecken.
Triefend muß der Tag verbluten.
Fahrige Wolken, deren Gluten
Heiß den Saum der Nacht belecken.

Heult ein Wind in dürren Ästen
Wird die Straße dunkler, grauer
Baum wird schwer von schwarzen Gästen
Die die Flügel enger preßten
Angstvoll vor dem fremden Schauer.

Hart zertritt mein Schuh das Schweigen
Tritt die eigne Schwermut nieder.
Nebel tanzen wirre Reigen
Und die Lüfte droben geigen
Mir verschollne Wanderlieder.

NACH DEM GEWITTER

Der Sturm hat seine Meute angekoppelt,
Die nur von ferne noch verhalten bellt.
Blauschwarz und silbergraue Regenwände
Stehn unbewegt am toten Rand der Welt.
Das scharfe, schwere Schwert der Sonne haut
Sich in das Dickicht eine breite Blende.
Die Wiesen leuchten, zum Smaragd erhellt.
Aufrauscht der Strom. Ihn treffen blaue Brände.
Jetzt rollt er frei hinunter, ohne Laut.
Vom Baum und Busch und vom bewegten Feld,
Das leise flüstert, müd und herbstgestoppelt
Ein flüchtiger Wind die Silbertropfen schnellt.
Die Nebel, rötlich überm Tal verbraut,
Zerstäuben rauchend aus dem Waldgelände,
Und überm Himmel, der schon zärtlich blaut,
Biegt sich in siebenfarbnem Lichte doppelt
Ein Regenbogen mild in Gottes Hände.

An eine tote Schlange

Da liegst du nun, den schlanken Leib zerbrochen,
Der leicht und wiegend aus dem Busch gekrochen,
Seltsam Geschöpf du, lautlos und allein.
Aus dir heraus, in dich hineingeringelt
Glittest du hin, und um das Haupt dir züngelt
Geheimnis uralt nach durch Moos und Stein.

Aus Gottes Ruf das erste Lebewesen
Und ihm zu wohl erdacht und zu erlesen,
Von seiner Weisheit noch zu tief durchflammt
Fielst du wie Luzifer von seinem Fluche
Und wardst, daß er in dir das Weib versuche,
Das ihm zu glücklich schien, zugleich verdammt.

Und als aus den verwunschnen Paradiesen
Die Engel ziellos unsre Eltern stießen,
So wie wir es gelesen in der Schrift:
Da durft er deiner wie der Menschen spotten;
Befahl er ihnen doch, euch auszurotten,
Und deine Zähne schärfte er mit Gift.

Drum, wer den Wurm und wer den Käfer schonet,
Die Schwalbe liebt, die unterm Dach ihm wohnet,
Dem Aar noch nachschickt seiner Augen Gruß:
Der zuckt, wenn sich dein Leib dem Laub entwindet,
Und wo er deinen schmalen Nacken findet
Zertritt er dich mit zitternd wildem Fuß.

Ich stehe hier, selbst im Gefühl zerspalten,
Nicht Haß, nicht Mitleid wag ich rein zu halten,
Dem Aug entgegen, lidlos, marternd stet,
Das durch mich weit ins Leere scheint zu schauen,
Als säh es hoffnungslos dies letzte Grauen,
Das keinem warmen Herzen sich verrät.

SINKENDE NACHT

Die Dächer glänzen regenweiß,
Die Wolken sind auf schwerer Fahrt,
Die Bäume stehen schwarz und hart
Und nur die Wipfel beben leis.

Die Nacht hängt sich mit Rauschen zu,
Ich bin allein mit meinem Licht.
Dem großen Schweigen, das jetzt spricht,
Fall ich in bangem Lauschen zu ...

Im Vergleiten

Die Primeln und die Veilchen sind
Schon lang vorbei,
Vergilbte Blätter jagt der Wind
Den Hang vorbei.

Nun ist dies Jahr, das wie im Tanz
Sich schwang, vorbei,
Nun ist des Sommers voller Glanz
Und Klang vorbei.

Des Herbstes Fahnen wehen schwer
Und bang vorbei,
Ich liebte dich einst allzusehr ...
Wie lang vorbei ...

ZERBRUCH

Ein erstes böses Wort lief wie ein Zittern
Ganz oben hin. Das lang Verhaltne brach.
Dann rauschten die Gespräche gleich Gewittern.
Aufzuckte eine nie geahnte Schmach.
Mitunter noch ein wütenderes Küssen
Am dunklen Abgrund ausgelebter Zeit,
Und süße Tränen mitten unter bittern,
Und wehe Angst vor diesem Sterbenmüssen ...

Noch wollten sie das Tödlichste sich sparen,
Dann aber war schon alles fremd und weit,
Und sie erkannten, wie sie böse waren
Und bis zum Rande angefüllt mit Leid.
Haß zog herauf, Gewölke fahl und breit.
Und in des ersten Blitzes jähem Splittern
Zerfielen sie wie morsch von tausend Jahren.

SCHWERE NACHT

Du! Warum verbirgst du dein Gesicht?
Weinst du?
Draußen rast es grell von Ungewittern,
Wie im Blitz die Regentropfen zittern ...
Warum weinst du nicht?

Du! Warum bist du so schrecklich still?
Weine doch!
Fühle, wie befreit die Wetter schlagen,
Löse dich! Du kannst es nicht mehr tragen,
Was so aus dir brechen will!

Du! O sieh, wie ich voll Demut bin:
Weine doch!
Nach dem Regen schrein die dürren Seelen!
Weh! Im Feuer deines Hasses schwelen
All die Jahre unseres Glückes hin!

BEKENNTNIS

Wenn ich je liebe Worte zu dir sprach,
Wenn du mein tiefstes Glühn zu spüren meintest
Und glücklich, daß ich aus der Härte brach,
An meiner Brust dich in ein Lächeln weintest:
Dann sann ich längst schon andern Dingen nach.

Wenn ich je zu dir sagte, ich sei froh,
Dann war ich nur nicht so wie sonst voll Trauer
Wenn ich dich nahm von tausend Flammen loh,
War ich vor deinem ersten Wollustschauer
Ein müder Rauch schon, der zum Himmel floh.

Doch wenn ich leise deine Hand berührt
Und stummen Haupts in deinen Schoß geglitten,
Den Hals von Todesgrauen eingeschnürt:
Dann ahne jetzt die Nacht, die ich durchschritten,
Und bete zu dem Gott, der mich geführt.

SPÄTER WEG

Ich sah, wie dich deine Not bezwang.
Da tat ich mit dir jenen schweren Gang.

Der Herbst war fremd, sein Hauch war kalt.
Wir waren alt. Die Welt war alt.

In dürrem Laub versank dein Schuh,
Du machtest im Gehen die Augen zu.

Der Abend, der über dem Himmel hing,
Traurig über unsere Häupter hinging.

Wir wollten reden und redeten nicht.
Wir schauten ins blasse Abendlicht.

Bis mich dein Leid so überkam,
Daß ich deine wehrenden Hände nahm.

Da gingen Stimmen durch unser Blut.
Wir sahen uns an. Und vieles ward gut.

GLÜCK

Wie das Dunkel Well um Well
In mein Zimmer mündet,
Schüchtern wird die Kerze hell,
Die ich angezündet.

Engel rauschen blau herein,
Kühl mit leisen Schwingen,
Tanzen um den goldnen Schein,
Heben an zu singen.

Und wir beide, ich und du,
Halten uns umschlungen,
Schauen, horchen lächelnd zu,
Bis wir mitverklungen.

TRÄNEN

Keiner hat das schwere Wort gesprochen,
Doch du weinst. Du weißt, es ist zu Ende
Und die Seele ist dir aufgebrochen,
Daß sie süß sich an den Schmerz verschwende.

Wie ich, ein zu stummer Qual Verdammter,
Dir die Wollust deiner Tränen neide,
Ach, ein grauenvoll in mich Verrammter,
Steh ich wie ein Pfahl in meinem Leide.

In die Arme nehm ich dich mit Grauen,
Höre weither deine Pulse klopfen,
Muß erstarrt in deine Augen schauen,
Wie die Tränen kommen, glänzen, tropfen ...

VERHÄNGNIS

Die Nacht war zugemauert,
Die Lichter gaben kein Licht.
In den Bäumen hat es geschauert.
Wir sind die langen bangen
Hallenden Straßen gegangen,
Ich nahm deine Hände nicht.

Ich hätte reden müssen,
Und alles würde gut,
Ich wußte, ich sollte dich küssen.
Aber ich habe geschwiegen
Und mir ists heraufgestiegen,
Als hätt ich den Mund voll Blut.

ERINNERUNG

Kein Licht in deinem Fenster mehr,
Ich gehe fremd und spät vorbei,
Da schwanken Nachtgespenster her
Und hängen sich ins Haar mir schwer,
O wie es flüstert, girrt und lacht...
Wie lang vorbei. Ich muß vorbei.
Mit Fäusten würg ich meinen Schrei.
Doch ach, kein Haß bricht solche Macht,
Nur Liebe macht von Liebe frei.

Ich lächle tief und wie erwacht...
Und wünsch dir eine gute Nacht,
In wessen Armen es auch sei.

So spät und fremd geh ich vorbei...

MORGENGLÜCK

Aneinander erwachen
Aus ahnendem Traum,
Die Augen aufmachen
In klingendem Raum.

Die Hände fühlen
Und schlafeswarm
Hinüberspülen
In deinen Arm.

So süß gebettet,
So Blut an Blut,
So sanft gerettet
Aus Nacht und Flut.

Im Grenzenlosen
So still zu zweit ...
Der Tag weht Rosen
So leicht, so weit ...

Ein Erwachen

Die Augen schwer,
Vom Gift des Schlafes voll den Mund
Bin ich erwacht.
Es ist nicht Nacht,
Es ist nicht Tag,
Von ferne her
Fällt rätselhaft ein Stundenschlag:

Du bist nicht mehr ...

DIE VERLASSENE

Du hast ihn mir genommen.
Du weißt es nicht.
Er ist zu dir gekommen,
Er war dir wie ein Licht.

Auch meine Nächte waren
Wie deine froh;
Er spielte mit meinen Haaren
Und küßte meine Brüste so ...

Wird er von dir einst gehen,
Bin ich schon rein,
Um wie ein Stern zu stehen
Ob deiner dunklen Pein.

ABSCHIED

Noch einmal diese weiße Brust. Nichts mehr...
Noch einmal unsre Leiber leicht vermischt,
Eh nachtverloren und vom Schlafe schwer
Die sanfte Ampel deines Herzens lischt.

Noch einmal dieses Horchen in die Nacht,
Die widertönt von unserm zarten Glück.
O hätten wir noch Lust, die ewig wacht,
Doch alles sinkt in müden Traum zurück.

Die Schatten allen Abschieds stehen auf
Um unser Bett. Wir scheuchen sie nicht fort.
Aus heißen Herzen quillt die Qual herauf,
Doch auf der Lippe friert das letzte Wort...

UNTER STERNEN

O braune Nacht der süßesten Verführung,
Wie schwer die Herzen ineinander glühn,
Daraus die Blitze zaubrischer Berührung
Aufknisternd grell den Himmel übersprühn.

Ein silbern Sterngewölk fällt in die Tiefen.
Wie nackt und schön erstrahlt dein weißer Leib.
Wir horchen in die Stimmen, die uns riefen.
Geheimnisvoll vertauscht sich Mann und Weib.

Und an der Erde dunkle Brust gebettet,
Begreifen wir in innigem Vergehn,
Wie unsre Nacht sich wunderbar verkettet
Den Feuern, die ob allen Nächten stehn.

Letzte Nacht

Unter der Lampe des Mondes,
Die in Schleiern des Abends hängt,
Seh ich dein kindlich blondes
Haupt an mein Herz gedrängt.

Über die Leiber, die weißen,
Fließt uns das atmende Licht.
Wenn wir uns ansehn, gleißen
Tränen auf unserm Gesicht.

Still! Damit nicht die Wunde
In der Bewegung schmerzt:
Denn dies ist ja die Stunde,
Deren Glück wir verscherzt.

Könnt ich ein Wort jetzt sprechen
(Aber ich weiß ja keins!)
Daß unsre Herzen zerbrechen,
Sterbend zerfließen in eins ...

Die junge Geliebte

Leise, es sind Tote im Zimmer,
Du bist noch fremd, und du weißt es nicht.
Aber siehst du nicht manchmal den Schimmer
Zwischen deinem und meinem Gesicht?

Oh, es ist nicht mehr leicht, mich zu lieben,
Mit dem Opfer der Lust ist nichts mehr getan,
Längst ist der Kreis der Flamme umschrieben,
Und viele Liebende sehen uns an.

Ihnen muß jedes Lächeln begegnen,
Sie sind froh um ein gutes Wort.
Reine Herzen werden sie segnen,
Habe mich lieb! Sonst gehen sie fort.

Siehe, ich brauche kein Buch mehr zu lesen;
Sie knistern und flüstern und wissen für mich
Und verströmen überall hin ihr Wesen.
Erschrick nicht, Mädchen, sie kennen auch dich!

Alle die Dinge, die wir berühren,
Den seidenen Mantel, den Kamm fürs Haar,
Darfst du nie als dein Eigentum spüren,
Weil es schon lange das ihrige war.

Aber du weine nicht! Sei auch nicht bange,
Daß dir mein Herz nicht völlig gehört,
Dir strahlt das Auge, dir blüht die Wange,
Du wirkest den Zauber, den keine stört.

Fürchte auch keine kommenden Frauen,
Ehre die andern, die waren und sind.
Kehre ein in den Kreis von Vertrauen,
Sei ihre Tochter, sei unser Kind!

EINER FRAU

Daß du die Birke beweinst,
Die im November verseufzt,
Daß du den Wind noch beklagst,
Der sie verseufzen macht:

Amseln dein Mitleid schenkst,
Die in der Kälte stehn,
Dich selbst des Wurms noch erbarmst,
Der ihre Nahrung ist:

Wohin will solch ein Herz
Nun, da es Winter wird?
Bleibt es grausam allein
Mir, der es lieben muß?

DER GEIST

Mir ist so bange,
Weiß nicht warum.
In mir geht lange
Ein Geist herum.

O daß er spräche,
Was er denn will,
Mein Herz aufbräche:
Doch er bleibt still.

Kann ihn nicht fassen,
Er raunt im Blut,
Ich muß ihn lassen,
Was er auch tut.

Die Liebende

Bei deinem ersten Blicke
Wußt ich, was es galt.
Ich floh vor dem Geschicke
Mit List und mit Gewalt.

Ich hab mich so gewehret,
Doch tief im Herzen drin
Bin ich schon so verzehret,
Daß ich fast nicht mehr bin.

ENTSAGUNG

Nun magst du mich zurück die Wege senden,
Die ich in müden Nächten mit dir ging.
Ich stehe traurig und mit leeren Händen:
Du wurdest groß; da wurde ich gering.

Ich war nur wie ein Gärtner, dich zu pflegen,
Und war so froh, daß ich dein Blühn gespürt:
Nun neig ich mich dem Glücklichen entgegen,
Der ohne Dank dich von der Schwelle führt.

Der steinerne Brunnen

Du hast dich mir verschlossen,
Du wardst ein steinern Bild,
Ich aber bin geflossen,
So wie ein Brunnen quillt.
Bin Jahre lang geflossen
Wie Blut bin ich geflossen
Und keiner, der es stillt...

DER UNGETREUE

O, daß du sie noch Güte nennen mußt,
Die fahle Angst vor nichtgewagten Taten,
Und weißt es nicht, wie tief ich dich verraten
Und wie dein Tod schon wächst in meiner Brust.

Was soll ich sagen, daß dein Herz es spür
Und daß du von mir gingest voller Grauen.
Ich atme noch dies lächelnde Vertrauen
Und steh schon als ein Mörder in der Tür.

TAUMEL

Leg dich schwer auf meine Glieder,
Gib mir deine ganze Last.
Regne flammend auf mich nieder
Alle Küsse, die du hast!
Keine Lust sei dir zu dunkel,
Keine Sünde dir zu tief,
Diese Nacht ist ungeheuer
Voll Verführung, voll Gefunkel,
Wirf das letzte Scheit ins Feuer,
Wecke alles, was dir schlief;
Lang verhaltenes Begehren
Sei zur vollen Wut entfacht,
Laß uns ineinander pressen,
Bis im rasenden Verzehren
Aus der Asche dieser Nacht
Raucht unendliches Vergessen!

LIEBESSPRUCH

Du bist nicht hier. Ich bin nicht dort,
Uns schwemmten böse Stunden fort.
Sie trugen mich in mich hinein,
Sie schlugen dich in dein Allein.

Doch glaube an den tiefen Sinn,
Die Liebe findet überall hin:
Sprich du mit mir das Zauberwort –
Dann bist du hier; dann bin ich dort.

Versöhnung

Wir dürfen uns einander nun bekennen.
Sag nicht, des bessern Fechters Kunst entscheide,
Wenn zwei sich blindlings in die Klingen rennen.

Dies taten wir aus Liebe uns zu Leide.

Wir brauchen nichts mit Worten mehr zu nennen.
Wir trafen gut. Und wir verbluten beide.

Gib mir die Hand: Was sollte uns noch trennen.

DIE SCHÖNE NACHT

Deine Haare blühn an meinen Lippen.
Wunschlos. Nichts begehrend als die zarte
Gute Stille. Nur dies Händefassen,
In das schwanke Licht der Kerze blicken,
Aus dem Rausch des Festes in den reinen
Morgen gleiten auf bekränztem Boot.
Unter diesem Nichtsmehrwollen
Schwimmen alte Jahre fort,
Durch den angelehnten Schlummer
Tönt der Sinne leise Brandung ...
Keine Frage bittet mehr um Antwort,
In uns weiß die Nacht das Niegewußte,
Freunde reden tiefe Dinge.
Aber das geheimnisreiche
Wort, das Einsamkeiten ründet,
Spreche ich aus leichtem Schlaf herüber
In die Schönheit dieser Frau gebettet.

MÜDE

Das Leben rührt mich nicht mehr an,
Mit keiner Not, mit keinem Glück;
Es hat mir einst sehr weh getan
Und ließ mich tief in mir zurück ...

Die Freunde gehn von mir so still,
Es schreiten leis vorbei die Fraun,
Die wie im Traume auf mich schaun,
Als wär ich wer, der schlafen will.

Da mach ich auch die Augen zu
Aus List, wie ich's als Kind getan,
Ich leg mein totes Herz zur Ruh –
Tief innen fängt ein Lächeln an ...

GRUSS

Seid ihr da, mich zu besuchen,
Ihr Gefährten früher Zeit?
Kommt nur, keinem will ich fluchen,
Jedem bin ich froh bereit!

Oh, ihr alle, die ich liebte!
Ewigkeiten schwuren wir.
Doch der schöne Traum zerstiebte,
Und ins Fremde fuhren wir.

Öffnet mir nur neu die Wunden,
Denn das Blut, es ward zum Wein;
Kränzt die Becher alter Stunden,
Tapfer soll getrunken sein!

So im spätesten Begegnen
Wird die Treue süß und schwer,
Zwingt, zu sühnen und zu segnen
Unsre frühen Götter her!

WIR ZIEHN VORBEI...

Die Stunde trägt uns fort und fort.
Wir sind der dunkle Fluß.
Das Ufer blüht, das Ufer dorrt,
Doch hält kein starkes Zauberwort
Dies Herz, das weiter muß.

Da waren Frauen rein und gut,
Doch fielen wir von Kuß zu Kuß.
Wir sind der dunkle Fluß.

Das Ufer blüht, das Ufer dorrt,
Uns riß das Blut, uns riß die Flut
Hinunter tief in Wahn und Mord.
Uns hielt kein Zauberwort.

In uns versanken Freund und Frau,
Ertranken Trauer und Genuß.
Wir ziehn vorbei wie Wellen grau...
O Herz, das weiter muß...

GEBET

Du, der über allem wacht,
Leicht die Erde rollt in Händen:
Diesen Tag laß leise enden,
Gib mir eine gute Nacht!

Gott, du weißt, was ich ertrug.
Niemals bat ich dich um Gnaden,
Ging mit meinem Leid beladen,
War mir selber stark genug.

Doch laß heut mir meiner Last
Nah mich deinen Füßen betten,
Um dies Stäubchen Glück zu retten,
Das du mir gegeben hast.

WARTEN

Wir waren jung, und die Stimme sprach:
Noch nicht ...
Wir sahen lässig den Stunden nach,
Wir standen im wachsenden Licht.

Nun sind wir alt, und die Stimme spricht:
Nicht mehr ...
Das Licht ist verloschen, erstarrt das Gesicht,
Und die Stunden sind immer noch leer ...

Wohl treiben noch schweigende Jahre einher:
Und dann?
Sehr einsame Schläfer, verworren und schwer
Fragen im Traum wir noch: Wann?

UNSER GESCHLECHT

Ehe du dich an die Welt verloren,
Wurden tausend andre neu geboren,
Die mit ihrem Jungsein dich bedrängen,
Welt ward voll von helleren Gesängen.

Ehe du dich rangest zum Verzichte,
Fielst du, noch ein Glühender, aus dem Lichte,
Stießest an die Ufer, wo die Alten
Selber wollten noch ihr Recht behalten.

Zwischen tausend Toten und Geburten
Drängst du in die schmalen Lebensfurten,
Rauschend überspült vom Fluß der Zeiten.
Schreiend, schluchzend. Und schon im Vergleiten.

SPRUCH

Nun laß ich Wunsch und Willen ruhn;
Ein tiefes Wissen macht mich still:
Wie muß der selbst sich wehe tun,
Der nicht den andern weh tun will ...

SCHWERMUT

Wahn und Wissen will verwesen,
Alle Bücher sind gelesen,
Alle Dinge sind zerdacht.
Und in schmerzlichem Begreifen
Fühlst du deine Seele reifen
Süß am schwarzen Baum der Nacht.

Still

Woher dies Schweigen kommen mag:
Nun kann ich träumen Stunden lang
Und schauen auf der Wolken Gang
Und horchen auf der Uhren Schlag.

Mein Zimmer wird so rein und klar,
Wie Sankt Hieronymi Klause war.

Der Löwe schlafen will.

Die Sterne wandern wunderbar ...

Traum des Jahres

NÄCHTLICHE STADT

Die kahle Kastanie wirft
Schwarze Schattengitter aufs blaßschlafende Haus.
Die feuchte Straße, trunkenen Mundes, schlürft
Die goldenen Laternen aus.

Geisterweiß
Springbrunn plätschert Eis.

Der runde Mond zerrollt
Droben hoch und klein in verschütteter Nebelmilch.
Unwissendem Wunsche öffnet im Schlafe hold
Eine Jungfrau der Lippen Kelch.

Geisterweiß
Springbrunn plätschert Eis.

Die Luft steht unbewegt.
Deine Hand nur leckt traurig ein nasser Wind.
Im Traum flüsternd die Weide ihr Gelbhaar regt
Wie ein nachttrunkenes Menschenkind ...

REGEN IN VICENZA

In der Wildnis fremder Stimmen
Sitz ich stummer Gast
Hin und her in kahlen Schenken.
Graue Regentücher schwenken,
Und der wuchtige Palast
Will als eine Arche schwimmen
Auf den Wogen.

Und da ist auch schon der Bogen,
Siebenfarbig, lichtversöhnend,
Und im Feuchten
Alle Türm und Zinnen krönend,
Steigt ein schmetternd wildes Leuchten.
Und die Mauern halten stöhnend
Solchem Prall,
Solchen Lichts posaunentönend
Ungeheurem Überfall.

Jubelnd stürz ich durch die Gassen,
Seh den schneeblind geisterblassen
Alpenwall
Unter schwarzzerfetzten Fahnen.
Und dann stehn die Hügel da.
Nah.
Rauchend. Grün.
Ganz von Nässe vollgesogen,
Grün, wie Du nicht wagst zu träumen –
Grüner, grüner:
Denke kühner
Und Du wirst vielleicht erfassen,
Wie es grün war dort im Nassen.

Grün von Wiesen, grün von Bäumen
Und von Pflaumenblütenschäumen
Grün und weiß. Und der Platanen
Stämme glänzten grün und moosig,
Mandeln blühten grün und rosig –
Tropfen funkelten wie Glas,
Fielen wie in offne Schürzen
In das grüne, grüne Gras.
Und ich sah die Hügel stürzen
In des Lichtes lanzenschnelles,
Lautlos grelles
Übermaß ...

MÄRZ

Nach diesem wintermilden Jahr
Der Dompfaff sitzt im Ahorn feist.
Es lärmt der Spatzen Bettlerschar
Und brüstet sich nur doppelt dreist
Der nie bestandenen Gefahr,
Vergessend, daß sie Gott gespeist.

Ein Star
Weitgereist
In Liedern lang und wunderbar
Die Süßigkeit der Heimat preist.

WECHSELNDER TAG

Graue Winterschauer stürzen,
Schneegestöber macht die Wälder blind.
Doch da lugt schon, wie ein Kind
Noch verweint, aus seiner Mutter Schürzen
Frühling blond und blau. Im Wind
Alle Düfte sind,
Die den sonnenwarmen Hügel würzen.

FRÜHLINGSNACHT

Der Mond steigt aus den Bäumen,
Die Nacht wird leicht.
Ins Frühlingsträumen und Schäumen
Der Wind hinstreicht.

Er spielt und webt den süßen
Klang in den Glanz;
Die Blättlein auf grünen Füßen
Springen zum Tanz.

Der Mond, der fette, runde,
Der keinen Zahn
Mehr hat im uralten Munde,
Fängt's Lachen an.

Da hört der Wind auf zu geigen,
Die Nacht wird schwer.
Die Blättlein erschrocken schweigen,
Keins rührt sich mehr.

Erste Grille

Aus dem kalten Winterloch
Eine schwarzgelbe Grille kroch,
Um den langentbehrten, süßen
Ersten Sonnenstrahl zu grüßen.
Noch
Ein bißchen stubenkrank,
Schwank
Und auf schwachen Füßen.

Aber doch
Frühlingsblank
Saß sie auf der Rasenbank,
Saß die kleine Grille
In der großen Stille
Unterm Märzenhimmel, der
Heut zum erstenmal sich schwer,
Sonntagsschwer,
An der brausend starken Luft betrank.

SPROSSENDES GRÜN

Von der Geburt noch angestrengt,
Wie Laub an Laub erzittert!
In Knospen war es lang gezwängt,
Erst in der Nacht hat es gesprengt
Das finstere Gehäuse.
Nun Blättlein neben Blättlein hängt,
Wie im Dachstuhl die Fledermäuse
Schmal hängen und flügelzerknittert.

Ein Blitzlein zuckt, ein Donner knallt:
April, noch täppisch, gewittert.
Doch hat der Regen schon Gewalt,
Daß sich das Laub mit Lippen drängt
Und gierig Tropf um Tropfen fängt
Und plötzlich kühn und tausendfalt
Den dürren, lichtzerrissnen Wald
Mit holdem Grün umgittert.

AM KIRCHHOF

Müd nach bitteren Winterleiden
Und den Mund noch in sanfter Trauer
Lehnt an den ergrünenden Weiden
Der Frühling dort an der Kirchhofmauer.

Veilchen hat er schon in den Händen,
Um sie still auf die Gräber zu streuen.
Denn die Toten will er zuerst erfreuen,
Die schon warten mit weißen Händen.

Aber dann mit wilderm Entzücken
Wirft er die Sträuße, voller und bunter,
Über die goldenen Hügel hinunter,
Daß sie Kinder und Liebende pflücken.

Kinder und Liebende sind es ja immer,
Die die frühesten Veilchen entdecken:
Holdes Erschrecken entlang die Hecken
Stürzt sich jubelnd in Duft und Schimmer.

Im April

Die gelbschnäblige Amsel scharrt
Im welken Laube.
Des Spechtes Klopfen schnarrt
An morscher Rinde.
Der Himmel, grauerstarrt,
Zerbricht im Winde,
Der in den Bäumen knarrt.
Der Ruf des Kuckucks narrt,
Daß ihm wer glaube.
Das erste Veilchen harrt,
Daß es wer finde.

KURZER HAGELSCHAUER

Auf dem jungen, grünen Felle
Der aprilnen Erde
Wippen plötzlich, aus der grauen
Wolke, die da treibt im Blauen,
Spielerisch herabgeschossen
Ersten Hagels weiße Bälle.

Eine muntre Lämmerherde
Leichtgekörnter Himmelsschloßen
Durch die bunten Wiesen hüpft.
Sanftes Prasseln, holdes Klimpern,
Noch im Grün ein Hauch, ein weißer,
In den Gossen noch ein Schäumen
Schnell verschlüpft.

Blau und golden küßt ein heißer
Sonnenstrahl erschrockenen Bäumen
Erste Tränen aus den Wimpern.

TRAUM UND GEDANKE

Die Amseln werfen liebesschwer
Von Ast zu Ast sich hin und her.

Die Schwalben, schrillen Schreies, fliehn
Am feuchten Himmel her und hin.

Und also stehst mir Du im Sinn,
Daß ich wie Schwalb und Amsel bin.

So leicht mir meine Träume ziehn
Am hellen Tage her und hin,

Doch wirft sich in der Brust so schwer
Nachts der Gedanke hin und her.

Im Mai

Grün schwelt das Land. Die Wolken schleifen dicht
Hoch aus der Luft mußt du es plätschern hören:
In dickem Strahl wie aus geborstnen Röhren
In Stößen gurgelnd quillt das weiße Licht.

Licht überschwemmt die Ebne weit landein ...
Und Hügel waten drin bis an die Hüften.
Die Lerche hängt noch mutig in den Lüften.
Da stürzt sie, weggespült, schwarz wie ein Stein.

Erste Bienen

Die Schattenwiese ist stumm,
Aber der sonnige Hügel
Wiegt sich im Bienengesumm.

Es schweben die zärtlichen Flügel
Behutsam noch hin und her,
Es wagen die schüchternen Lippen
Nur bräutliche Küsse zu nippen
Kindlich und ohne Begehr.

Später, im Hummelgebrumm,
Wenn üppiger, Blum an Blum,
Die Wiesen in taumelnden Wellen
In bunten Gefällen
Aus den Wäldern quellen,
Dann werden die kleinen Gesellen
Schon frecher

Und stürzen, trunkene Zecher,
Der Linde würzige Becher
In brausenden Schwärmen leer.
Sie naschen von Lilien und Rosen
Und füllen die Taschen der Hosen
Mit schierem Golde sich schwer.

Herbstlich dann strotzen die Waben.
Wiese und Hügel wird stumm.
Erste, dürftige Gaben
Süß aus den Veilchen zu graben,
Ach, was gäb ich darum.

MAI IM GRAS

Wolke weiß
Den blauen Himmel schmückt.
Grünes und brennend gelbes Feld
Ist bis an den Rand der Welt
Hingerückt.
Bauernfleiß
Übern Pflug sich bückt.

Lerchenlied
Tropft auf schwarzen Krähenschrei.
Unbeweglich äugt das Reh
Aus dem tiefen, grünen Klee,
Ängstefrei.
Nichts geschieht,
Eh vorüber ist der Mai.

Menschengroß
Liege ich im Gras, das fett
Blumenstrotzend um mich fließt,
Das sich um mich schließt
Wie ein Bett.
Wünsche bloß,
Daß ichs als mein letztes hätt.

DER DICH TÖTET...

Der dich tötet:
Nicht der Winter muß es sein,
Der den Sarg der Erde lötet.
Unterm Kerzenglanze
Schwinge dich zum Tanze,
Nimmer mußt du in den Sarg hinein.

Der dich tötet:
Muß der Herbst nicht sein,
Der des Waldes Wange rötet.
Hör die Hörner klingen,
Sieh den Hirschen springen,
Trink den alten – es kommt neuer Wein.

Der dich tötet:
Nicht der Sommer muß es sein,
Der so hold zum Bleiben nötet.
Süßer in den Brüsten
Quillts von Liebeslüsten,
Und der Erde volles Glück ist dein.

Der dich tötet:
Ach der Frühling wird es sein,
Der mit Star und Amsel flötet.
Wagst du kaum zu hoffen,
Stehn die Gräber offen,
Erste Kränze werden deine letzten sein!

HEIMGANG

Spät geh ich heim. Unter Fliederdolden
Duftet die weiße Schulter der Nacht.
Grüngolden
Atmen die Bäume windumfacht.
Voll Nebellust,
Voll Mondengnade
Heben die Zweige die bebende Brust.

Ach, und vom Spiele der Frauen satt
Küß ich im holden
Wahnsinn das rauhe
Das junge zärtliche Rüsterblatt,
Eines von tausend,
Das flüstersausend
Die nächtliche Lippe lustvoll mir streift.

Und ich spüre den Schmerz der Dryade,
Die verzaubert im Baume hausend
Zitterbrausend
Seufzend nach meinem Haupte greift.

BAYERISCHES LAND

Der Frühlingshimmel hängt übern Zaun
Ein weißblau gewürfeltes Bauernbett.
Alter Filzschuh, vertreten, faserbraun
Steht der Torfstich. Ein morsches Brett
Wackelt über den schwarzen Tümpel.
Drin blühen Dotterblumen, drallgrün, gelbfett
Neben zerbrochnem Geschirr und Gerümpel.

Die Benediktenwand schwimmt karpfenblau
Hochbucklig über dem Wälderspiegel.
Ein Hügel, noch unbegrünt und fichtenrauh,
Rollt sich zusammen, ein listiger Igel.
Am Dorfrand arbeiten Maurer am Bau.
Rot glänzen mitten im Vorfrühlingsgrau
Im Abendlichte die frischen Ziegel.

Im mürben Gärtlein bewacht ein Spitz
Lautkläffend die ersten Aurikeln.
Hoch in des Kirchturmknaufs Funkelblitz
Nahm sich den goldenen Gockelhahn
Der zugereiste Star zum Sitz.
Der läßt wie betrunken jetzt himmelan
Die süßen Töne prickeln.

JUNIWIESEN

Sieh die bunten Juniwiesen
Über Tal und Hügel fließen.
Von den blauen Bergen her
Fällt ihr Kleid aus grünen Wäldern
Blumenschwer
Und verliert sich in den Feldern.

Margeriten und Salbei,
Roter Klee ist auch dabei.
Löwenzahn, noch im Verwelken,
Hebt das Köpfchen, flaumig grau,
Büschel roter Kuckucksnelken
Drängen sich ans Licht,
Unterm Gräsernicken
Blau
Wuchert das Vergißmeinnicht,
Schaut dich an mit treuen Blicken.

Junimorgen nach Gewittern,
Wenn im Feuchten
Tausendfach im Sonnenleuchten
Tropfen Taus an Kelch und Halmen zittern ...

Juniwiesen, bald vorbei ...
Hör ich doch im Abenddämmern
Ringsum schon
Den verhaßten Ton:
Bauern ihre Sensen hämmern.

Morgen, eh es tagt,
Wenn noch Mond und Stern am Himmel steht
Und der Kauz im Walde klagt,
Kommen Knecht und Magd,

Und noch eh der Tag vergeht,
Fällt der bunte Flitter,
Liegt ihr alle hingemäht
Unterm Schwung der Schnitter:

Margeriten und Salbei,
Roter Klee ist auch dabei ...

Vor der Mahd

Längst sind die Wiesen abgeblüht.
Was soll da noch das Spiel von Sonne und Gewitter?
Regenmüd
Ersehnt das Gras den Schnitter.

Wie bang ich auch vorm Sensenhiebe zitter':
Den Tod ich grüß.
Meine Seele ist süß,
Aber mein Leib wird bitter ...

NÄCHTLICHER WEG

Licht von Balkonen golden,
Gärten voll Geisterhauch,
Weiße Holunderdolden
Und Sterne auch.

Frauenlachen. Der Becher
Prahlender Klang.
Ein jugendtrunkener Sprecher.
Und dann: Gesang!

Sehnsucht mit zögerndem Finger
Ins Dunkle greift:
War denn das Glück einst geringer,
Das dir gereift?

Hast du nicht satt dich getrunken,
Nicht satt gelacht?
Bist nicht in Frauen gesunken
Einst Nacht für Nacht?

Lachen verlischt und Geplauder,
Schrill wie ein Flötenlauf.
Weiß steigt der fröstelnde Schauder
Des Todes auf.

FAHRT ÜBER LAND

Auf der grünen Wiese liegt
Eine große, rote Zwiebel.
Auf der Straße weißem Band
Unser Wagen vorwärts fliegt.

Hart am Hügelrand
Schaut der Kirchturm jetzt heraus,
Wirds ein Dörflein, Haus an Haus.
Giebel neben Giebel.

Kaum gesehen, schon vorbei.
Wüster Fuhrmannsschrei,
Rösser, hinterbackennah
Dicht am Wagen,
Scheltend Ruf und Wiederruf,
Blinkend noch ein Huf,
Und schon ist das Neue da –

Geisterflink
Wie auf einen Zauberwink
Stürmisch hergetragen:
Und noch eh
Flüchtet das erschrockne Reh,
Hasen wilde Haken schlagen,
Jagen
Wir schon hin an Wald und See.

Wiesen werden bunt und bunter,
Keifend flieht ein Rudel Frauen.
Munter
Fällt das Sträßlein waldhinunter.
Drüben weit die Höhen blauen.
Seliges Schauen,

Tolles Rasen.
Über unsern Köpfen
Kalte Flatterstürme blasen.
Kaum vermögen Luft zu schöpfen
Unsre Münder, unsre Nasen.

Plötzlich mitten in das Sausen
Stürzt mit Brausen
Süße Wollust aus den Winden:
Blühende Linden!

DER KIRCHHOF

Den Umweg vom Sträßlein zur Straßen,
Den schneidet ein jeder ab:
Es führt eine schmale Gassen
Über den Kirchhof hinab.

Der rußschwarze Rauchfangkehrer
Geht hier und der mehlweiße Bäck,
Es spart sich der alte Lehrer
Und der junge Pfarrer das Eck.

Der alte Lehrer, der schneuzt sich
Umständlich ins rote Tuch,
Der junge Pfarrer bekreuzt sich
Und schaut in sein schwarzes Buch.

Die Hausfrauen, ohne Schaudern
Stehn schwatzend mitten im Tod;
Am Leichenstein ist gut plaudern
Vom Alltag und seiner Not.

Die fremden Herren und Damen,
Die Sommerfrischler im Ort,
Die lesen die spaßigen Namen
Und lächeln und gehen fort.

Nur nachts, im Mondlicht, im bleichen,
Huscht jeder ängstlich vorbei:
Ob nicht an der Kirchwand ein Zeichen
Für ihn schon geschrieben sei.

KLEINER KRIEG

Am Straßenrand die Grille wohnt,
Die Schnecke still ihr Haus bestellt,
Und wenn sie Huf und Rad verschont,
Kein Mensch stört ihre kleine Welt.

Den Rain mit Klee und Löwenzahn,
Mit Wegewarten, staubig blau,
Den sehen sie als Heimat an
Und kennen Halm und Blatt genau.

Am Straßenrand der große Stein
War ihres Reiches fernste Mark.
Den warf ein Büblein nun feldein
Mit Kinderhänden, noch nicht stark.

Wie ist da ihre Welt verwirrt:
Die Schnecke schließt ihr festes Haus,
Der Käfertruppen Panzer klirrt
Und hundert Hummeln schwärmen aus.

Der Grillen kriegerische Schar
Mit schrillem Lärm die Schwerter schleift.
Das unterm Stein zu Hause war,
Das Emsenvolk, das Land durchstreift.

Doch eine Hummel fand zum Glück
Den Stein zur selben Stunde noch.
Gewachsen war das Reich ein Stück:
War's auch kein Krieg – ein Sieg war's doch!

Die Grillen zirpten sommerlang
Von jenem großen Schicksalsschlag.
Es ward ein rechter Heldensang –
Der lebt noch bis zum heutigen Tag.

SCHWÜLE STUNDE

Drohend schwarz steht das Gewitter.
Seine Mähne schüttelt es
Über der erschrocknen Stadt.

Staub raucht auf, es faucht der Wind,
Stürzt sich auf das schwanke Blatt
Müden Baums und rüttelt es.

Gähnend matt
Verhaucht der Wind
Still
Wie ein Raubtier satt
Hinterm Eisengitter,
Das sich knurrend streckt und schlafen will.

GEMÄLDE

Die Landschaft ist grün und blau,
Grün und blau allein.
Grün ist das Gras der feuchten
Üppigen Au.
Grün ist vom Tau
Das Leuchten.
Graublau
Ist der Stein.
Zarter der Berge Schein,
Der Himmel morgenrein
Hellblau.

Nur Weiß ist viel darein
Gemischt wie aus Tuben,
Wie Kalk, der zischt
Aus brodelnden Gruben.
Unter all das Blau und Grün
Kühn
Hingewischt:
Holunderblühn, Schierlingsblühn,
Des Wasserfalls Gischt
Und die Wolke, windgefrischt.

MONDNACHT

Der Mond horcht bleich und hingeneigt,
Der Himmel, kaltverzaubert, schweigt.
Wie die Bäume und Brunnen rauschen,
Der Mond, er kanns nicht erlauschen.

Er ist zu weit, zu menschenweit
In seiner blassen Einsamkeit.
Wie die Herzen flüstern und gehen,
Der Mond, er kanns nicht verstehen.

Wie liebesschwer, wie warm und gut
Mein Leib an deinem Leibe ruht,
Wie glüh ich in deinen Armen.
Der Mond, er kann nicht erwarmen.

Er ist so taub, er ist so kalt,
Vieltausend Jahre ist er alt,
Muß leidvoll und neidvoll scheinen:
Wir dürfen lachen und weinen ...

DER FALTER

Nacht stand bis ans Fenster dicht.
In den kleinen Kreis von Licht,
Den ich eng um mich gezogen,
Kam ein Falter wild geflogen.

Schwirrte poltertaumelig flatternd,
Rauschte im Papierschirm knatternd,
Schrecklich in sein Schicksal rennend,
Sich zerstürzend, sich verbrennend ...

Griff ich plump ihn, menschenhändig,
Schlug er, wie ein Herz lebendig,
Angstvoll in Verzweiflung wütend –
Hilflos war ich, ihn behütend.

Dreimal warf ich ihn im harten
Schwunge in den schwarzen Garten.
Doch er sah im Glanz sein Glück,
Dreimal schwirrte er zurück,

Bis er, tappend, blind durchs Zimmer
Torkelte, um still zu enden ...
Aber mir an meinen Händen
Blieb des feinsten Goldes Schimmer.

In der Frühe

Die Sterne sind morgenblaß.
Das Gras ist naß.

Der Tag steht fröstelnd fremd
Im Nebelhemd.

Hoch aus dem Himmel die Lerche verspricht:
Bald kommt das Sonnenlicht!

AUF DEM BERGE

Wenn es schön windstill ist wie heut
Da heroben,
Hörst du das Geläut,
Mit dem sie drunten den Herrgott loben,
Leicht heraufgehoben.

Wenn es schön windstill ist wie heut
Da heroben
Auf der Neureuth,
Hörst du die Böller, die groben,
Bis hinten von Kreuth.

Wenn es schön windstill ist wie heut
Da heroben,
Vergißt du die Leut
Und die Welt und ihr Toben,
Weißt kaum, warum heut
Da heroben
So blutwarm dich das Leben freut.

STILLE LANDSCHAFT

Die fernen Hügel, die nahen
Wälder, wie lieb ich die.
Viel gute Augen schon sahen
Dankbar auf sie.

Es ist eine arme Landschaft.
Die Berge, blau und groß
Spötteln als reiche Verwandtschaft
Herüber bloß.

Mir will sie mehr als genügen,
Die Heimat, fest und rein.
Die Bauern die Erde aufpflügen
Und säen drein.

Ich liebe auch noch den milden,
Sehnsüchtigen Rest,
Den sie nach der schönen, wilden
Fremde mir läßt.

Im Sommer

Im Kirschbaum sitzen, oh traumalte Wonne!
Grüngoldene Wildnis, von Früchten prall.
Draußen, weiß, die lodernde Sonne,
Der Ährenfelder wogender Schwall.

Einen Kirschkern trällernd zwischen den Zähnen
Streun ich hinunter zum schwarzen Fluß.
Die Auen schütteln die glänzenden Mähnen,
Die Kühle wallt aus dem Mühlenschuß.

Mädchen, die mir, dem Erglühten, begegnen,
Kichern und äugeln, wer weiß warum.
Sie lachen mich aus, aber ich muß sie segnen:
Bleibt mir nur lang noch so jung und dumm!

Ach, daß Gott gut sei den lieben Dingern,
Gut, wie der Himmel, wunschlos und zart,
Gut wie der Sommer, der mit windweißen Fingern
Sich streicht durch den grünen Bart.

RASCHES JAHR

Eben noch das schmale Leuchten,
Gelb des Ahorns Blätterblühn:
Und nun wuchert aus dem Feuchten
Wild das schwarze Grün.

Eben noch die zarte Stille –
Fink und Amsel rief mich wach:
Und nun lärmt die sommerschrille
Schwalbe um das Dach.

Eben noch dies zage Küssen
Ersten Glückes, kaum geglaubt:
Und nun schon dies Trinken-müssen
Und dies trunkne Haupt...

DER FLUSS

Zischend fährt, eine zornige Natter,
Aufgescheucht vom Gewitterguß,
Im Geflecht der Blitze, im Donnergeknatter
Der schwarzgeschwollene Wälderfluß.

Das grüne, triefende Dickicht zerteilend,
Zögernd sich windend, schuppenprall,
Und wieder sich lösend, lautlos pfeilend,
Geringelt, gestreckt zu fließendem Fall.

Versteckt in der wilden Wirrnis grabend,
Raschelnd und rauschend, vom Sturz umstaubt:
Ganz vorne wiegt sich im goldenen Abend
Das züngelnde, ziellose Schlangenhaupt.

Im August

Zum zweitenmal will der Ahorn grünen,
Die Linde ist wild von Bienen zerbraust,
Die Kastanie ballt im schmerzlich kühnen
Zorn des Verfalles die stachlige Faust.

Wie zärtlich wehet die Weizenwimper
Im Winde, der blau mit Flügeln schlägt,
Der Grillen Mandolinengeklimper
Den stillen Nachmittag bewegt.

Aber tief in des Waldes Schlüften
Lagert der Sommer, bärtig und groß,
Bei den feuchten Nymphen, an weißen Hüften,
Wunschlos das Haupt im sehnsüchtigen Schoß ...

DER BACH

Schwermütig träg, gleichgültig wohin,
Der Bach verrinnt, der eisenbraune,
Von Polstern blühenden Krauts verstopft.
Von grünen Schlinggewächsen zieht
Ein Wirbel hin,
Langgezopft.
Im Garten am Zaune
Ins Gras der Apfel klopft:
Der Wurm ist drin.
Aus heißen, weißen Sommerlüften tropft
Der Lerchen Lied.
Der Siberpappeln Geraune
Gehorcht des Windes leisester Laune,
Her und hin.
Über Felder, blondgeschopft,
Des Sommers schattenblaues Auge sieht.

In Sommersgluten

Schlaflos glüht das heiße helle
Sommerauge und es dorren
Schwarz die Bäume und verworren
Stöhnt der Wahnsinn in den Quellen.

Graue Wolkenlider, fallet,
Zarte Regenwimpern, schließet,
Daß sich Schlummer endlich ballet
Und die süße Träne fließet.

Vor dem Gewitter

In Stein und Gras, in sandigen Stufen
Zerfällt der Hang.
Die Grillen wie um Hilfe rufen
So bang.

Wildlodernd steht die Königskerze
Im Zitterlicht,
Als sähe sie die stumme Schwärze
Noch nicht.

Da flammt der Blitz, da knallt der Donner
Den ersten Schuß.
Und schallend lacht der nackte Sommer
Im Fluß.

NACHTWANDERUNG

Droben rauscht der schwarze Wald,
Schlafend wie mit offnem Mund.
Straßentlang die kleine Welt,
Spielzeug, Haus an Haus gestellt,
Wie von Kindertraum umlallt.
Brunnen rauscht die Stunde wund.
Kette klirrt. Der Hofhund bellt.

Wirtshausschild verlacht den Gast,
Denn die Kirchenuhr schlägt drei:
Nachtgevögel, ohne Rast,
Ohne Zehrung zieht vorbei!

Des Holunders Blütenast
Strömt sich von der schweren Last
Wilden Duftes frei.

Horch, der erste Hahnenschrei.
Goldnes Lampenlicht erhellt
Frühes Mägdelied.

Heu, gehäuft in Reih und Glied,
Schwarze Schatten, aufgestellt –
Plötzlich die Erinnerung sieht:
Nacht im Feld.

Grau in Grau die Straße schwirrt,
Eisen an den Stiefeln klirrt,
Schlaf weht süß wie Frauenhaar.

Haus und Brück
Fallen in den Traum zurück.
Sterne stehen morgenklar.

KLAGE

Es blüht für mich
Die holdeste Rose;
Der goldenste Stern
Glüht für mich.

Es wirbt um mich
Der Makellose.
Der Brudern gern
Stirbt für mich.

Es bricht für mich
Der Ewig-Große
Aus seiner Brust
Das Gedicht für mich.

Wer gibt sich nicht?
Nach deren Schoße
Ich schrei voll Lust:
Sie liebt mich nicht ...

DER WASSERMANN

In unsern Brunnen vor dem Haus,
Da schlich der weiße Wassermann
In Regennacht vom Fluß heraus
Sich naß heran.

Vorm Fenster, wo die Braut mir wohnt
Als holder Gast, der Brunnen rauscht.
Ich sah sie stehn im trüben Mond,
Wie sie gelauscht.

Ich sah sie stehn im weißen Hemd
In Liebe horchend und in Haß,
Ihr Mund erglühte sehnsuchtsfremd,
Ihr Auge naß ...

Sie wußte nicht, wer drunten sang,
Doch Rosen brach sie vom Spalier,
Die warf sie dem, des Lied erklang –
Nicht mir ...

Der Morgen kam, die Sonne schien.
Da wards von Blick zu Blick gewußt.
Wie Rosen welk, so sank sie hin
An meine Brust ...

In der Klamm

Im hohen nassen Gras
Vom Regen zaubergrün
Beträuft mit Glitzerglas
Den Felsenhang hinunter
Die jungen Blumen blühn
Bis dort, wo Quellen munter
Der Klamm entgegenstürzen
Der Lattichwildnis zu.

Mit zarten Füßen steigt
Hinab der Frauenschuh,
Die Maienblume neigt
Die Glocken voller Würzen
Aus grünen Blätterschürzen.
Aus Moos und grauem Stein
Hebt die Spiree verzweigt
Die Hand aus Elfenbein.
Wildrosen blühn am Dorn.
Die Kuckucksblum mit langem Sporn
Haucht Düfte weiß.
Vorsommerheiß
Die Eiben stehn und Tannen.

In steingehöhlten Wannen
Lichthellen, funkelblauen,
Nackt baden Elfenfrauen,
Wo niederstäubt in Schleiern
Sprühweiß der Wasserfall.
Von Harfenspiel und Leiern
Weht süßer Töne Schwall,
Wenn Nöck und Nixe feiern
Am tiefverborgnen Born.

Doch hoffe nicht zu klettern
Hinunter in den Schlund.
Wind stößt ins Warnerhorn,
Wie von geheimen Wettern
Bebt heiß der Lüfte Zorn.

Angst überfällt und Grauen
Den Lüsternen, den Schlauen,
Der wollt die nackten schauen,
Die holden Elfenfrauen.
Berggnomen, ihre Vettern,
Mit ihnen stehn im Bund,
Die werden dich zerschmettern:
Du stürzest todeswund.

Vergeblich, dir zu helfen,
Herschwimmen nun die Elfen
Aus ihren feuchten Klüften
Aus Sprudeln, Quellen, Flüssen,
In ihren kühlen Armen,
An ihren weißen Hüften
Kannst du dich nicht mehr erwarmen,
Und nicht mehr an den Küssen
Von ihrem nassen Mund.

Drum bleibe, ob den Schlüften
Hier, wo in blauen Lüften
Gesang weht und ein Düften
Hoch überm kalten Schattengrund.

WEIDEN AM WEG

Im Staub vergessen stehen die Harfen,
Daraus der Könige Lied erklang.

Das Bündnis unschuldiger Zeiten
Sprang
Aus den goldenen Saiten.

Die Götter verwarfen
Schon lang
Den Geweihten,
Der da einst spielte und sang.

SOMMERFRÜHE

Erstes aus dem Fenster Spähen,
Uhrenschlag aus weiter Ferne:
Drei Uhr früh.
Und am Himmel stehn noch Sterne,
Stehen nah und dicht.

Hähne heben an zu krähen
Und aus Kammern schimmert Licht,
Übergoldet Traum und Müh.
Knechte rüsten sich zum Mähen.

Morgenwölkchen leicht sich blähen,
Hold wie Mandelblüh,
Und der Himmel wird schon seicht.
Die Katze schleicht
Aus dem Haus,
Quer im Maul die tote Maus.

Türen knarren,
Im Stall die Pferde scharren.
Uhrenschlag aus weiter Ferne:
Halb vier Uhr früh.

Und die Sterne
Tropfen schon.
Tausend Vogelstimmen
Verschwimmen
Zu einem einzigen Ton.

Der Hofhund knurrt
Halbwach,
Ein Taubenpaar gurrt
Unterm Dach.
Das erste Licht geht übers Gras
Mit nackten Füßen.

Und nun beginnt voller der Spatzen
Wildes Gekreisch.
Der Hofhund mit täppischen Tatzen
Schlägt nach der ersten Fliege.

Über die Stiege
Ein Tappen,
Schlurfen und Schlappen.
Schlaftrunken, verzagt
Heraus tritt die junge Magd
Und die Sonne spielt auf dem süßen,
Bettwarmen Fleisch ...

KALTER AUGUSTMORGEN

Fahler, als du je den Mond gesehen,
Sieh die Sonne jetzt im Nebel stehen.
Sonne, glüh!

Wie im Winter kalt
Überm Wald
Weißer Dampf durch Wiesen wallt:
Im August
Fünf Uhr früh.

Doch du mußt
Ja nur auf den nächsten Hügel gehen:
Lichtumprallt
Siehst du jetzt der Sonne Rad sich drehen,
Schattengroß im weißen Nebelwehen
Tanzen deine eigene Gestalt.

Im Herbst

Sieh den September dort schweifen
Und sitzen im Gras!
Er treibt uns aus schimmernden Pfeifen
Die Tage wie Glas.

Wie freut er sich selbst an dem Spiele,
Der bärtige Mann:
Wie schöne Kugeln, wie viele
Er blasen kann!

Längst sind die Blumen und Gräser
Des Sommers verdorrt.
Der goldblaue September-Glasbläser
Geht auch bald fort.

Viel Kugeln, die er noch hatte,
Läßt er zum Glück
In flockige Nebelwatte
Verpackt uns zurück.

Die darf dann noch der Oktober
Werfen ins Licht,
Bis ihm ein Tölpel, ein grober,
Alle zerbricht.

DER GARTEN

Der hingewelkte Garten
Ist nicht mehr grün, ist nicht mehr rot.
Was kann ihn noch erwarten?
Des Herbstes Rauch, des Winters Tod.

Vom prangend üppigen Laster
Der Blumen-Eitelkeit allein
Blieb noch die dürftige Aster:
Die wird sein letztes Lächeln sein.

Vom guten Werke zeuget
Der pralle Kürbis auf dem Mist.
Der Garten Gott sich beuget
Und stirbt als wie ein guter Christ.

LANDSCHAFT

Der Fluß glänzt aus den Tiefen her,
Als würden Gulden,
Neugeprägt,
Dir hergezählt.

Über den grünen Mulden
Steht windgestrählt
Der lockige Wälderkamm.
Darüber, schwer
Wetterzersägt,
Hängt der Felsensturz,
Rauscht die Klamm.

Hinunter wallt, zwiegeschoren,
Kurz
Das herbstliche Gras.

In den Wäldern, sumpfsuppig,
Tiefverloren,
Wuchert struppig,
Das Kraut, laubvergoren.
Hoch droben, wolkenschuppig,
Schwimmt der Himmel, ein Fisch aus Glas.

Opfer

Sanftes Opfertier
Meiner Götterlust:
Wein' ich, daß du mir
Fallen mußt?

Weiß ich, welchem Stern
Ich verfallen bin?
Schmölz auch ich so gern
Meinem Gotte hin!

BLICK AUS DEM FENSTER

Ein Fichtenwipfel, zapfenbraun, windbewegt
Schaukelt träge hin und her.
Ein Eschenwipfel, spätgrün, aufgeregt
Atmet schwer.
Still die herbstgeschorenen Wiesen
Hügelhinunter
In die Ebene fließen.
Ein septemberbunter
Garten leuchtet sehr.
Aus den grüngrauen
Weiden- und Erlenauen
Fahlweiße Lichter schießen:
Der Inn springt übers Wehr.
Waldlockig steil hebt sich der Rand
Des Ufers drüben aus dem ebnen Land.
Wolken mit runden Schilden
Bilden
Eine blaublanke Wetterwand.
Grellweiß, nadelspitz,
Im feuerwilden
Ersten Blitz
Zuckt der Kirchturm von Griesstätt her.

Späte Liebe

Alter Strom, daß du an solche Ufer
Noch einmal mich trügest –
Daß ich noch einmal, das Haupt
Wild belaubt,
Antwort gäbe dir, verwegner Rufer!
Alter Strom, der du schon lang
Durch der Ebnen Untergang
Deine ruhigen Wogen pflügest ...

Ja, ich weiß, Du wirst mich weiter tragen,
Wie du auch an Felsen klirrst.
Und du wirst
Des Gebirges Stufen brechen ...

Aber welch ein himmlisches Entzücken,
Daß du noch einmal vom Wege irrst,
Schlangengleich, genährt von jungen Bächen,
Daß des Steines harte Brust zerbirst,
Wälder an mein Herz sich drücken.

Alter Strom, die schönste deiner Sagen
Süß und voll Gelächter, kühn,
Färbet dir die graue Wange grün.
Wild am roten Rebenhügel
Wachsen dir die Zauberflügel
Frühester Erinnerung.

Alter Strom, noch einmal jung,
Ungemischt in hundert Flüssen
Brausend wie in ersten Küssen,
Tänzerleichten Reigen ziehend,
Traumesschwer
In die Wildnis fliehend ...

Doch schon glänzt die Ebne her
Und das Weitermüssen ...

Alter Strom, treib deine Mühlen –
Ach, im Winde atmet schon das Meer.
Aus den wälderkühlen,
Aus den sommerschwülen
Jugendzeiten
Spür ich gleichen Wassers mich herübergleiten.

Nein, die Wasser kehren nicht zurück.
Doch, noch einmal ihre Quellen fühlen:
Welch ein Glück!

DER SPRINGBRUNNEN

Der Schmerz gesellt sich den Lüsten
Im schweren Leib des August;
Als ob verscheucht sein erst müßten
Schatten von altem Verlust:
So zu den weißen Brüsten
Des Springquells hebt sich die Brust,
Der Tiefe schwarzatmende Brust.

Süßer kein Lachen der Frauen
Wohl jemals erklang,
Als in der Nacht da, der blauen,
Des Brunnens silberner Gang,
Kühl rieselnd im Lockend-Lauen
Der Quellen heller Gesang,
Wildschluchzender Sang.

So in dem hängenden Garten
Stand still schon Semiramis,
Sah in die splitternden Scharten,
Wie es den Strahl zerriß.
Stand, um glühend zu warten –
Worauf, war ihr selbst nicht gewiß.
Nichts als der Tod ist gewiß.

So stand nach funkelnder Feier
Einst König Salomon,
Hielt noch in Händen die Leier –
Die aber gab keinen Ton –
Sah in die stürzenden Schleier.
So stand auch David schon,
Weinend sein Vater schon.

So standen tausend Ersehnte
Einsam, vom Fleische getrennt,
Das sich durchs Finstere dehnte,
Wilder, als Feuer brennt.
Blind, wie der silbergemähnte
Strahl in die Winde rennt,
Herzblut ins Schicksal rennt.

So in das gläserne Sprühen
Schau ich durch Stunden hin.
Sehe des Strahles Bemühen,
Höher sich aufzuziehn,
Einmal nur droben zu blühen –
Aber da stürzt er schon hin,
Jammernd stirbt er dahin.

Atmendes Heben und Senken,
Das alle Kräfte verbraucht,
Um sich ein Leben zu schenken,
Das schon wieder verraucht,
Wird doch ein ewig Gedenken,
Das aus dem Nichts enttaucht –
Immer aufs neue enttaucht.

Was ich als sprudelnde Helle
Nämlichen Wassers vermeint,
Ist aus der stoßenden Quelle
Längst schon hinweggeweint.
Immer schon andere Welle
Steiget, als die, die mirs scheint.
Nichts ist ja so, wie es scheint.

Wäre nicht drinnen Zerstören,
Das sich benagt und benetzt,
Wäre dem Wasser-Beschwören
Nimmer ein Ende gesetzt;
Würden Jahrtausende hören
Diesen Springquell, wie jetzt,
Wie ich ihn höre jetzt.

Wasser und süßes Begatten
Haben den gleichen Drang,
Den bald wilden, bald matten
Stürzenden Überschwang.
Wasser und Sterbens Verschatten
Haben den gleichen Klang,
Heimlichsten Todesgesang.

Statuen, steinern und erzen,
Spielen im Spiele der Flut.
Ach, im erstarrten Scherzen
Stöhnt der Verzweiflung Wut,
Wie sie in Herzens Herzen
Unterm Lächeln mir ruht,
Mir auch tief drunten sie ruht.

Nackte Frau auf der Klippe
Triefend von Schwermut glänzt.
Müde der neckischen Sippe,
Moosig und feuchtgeschwänzt,
Hebt sie die schimmernde Lippe,
Hebt sie die Stirne umkränzt:
Ob denn kein Gott sie ergänzt.

Was wir als Labsal genießen,
Was uns als Kühle umsaust,
Muß mit Röcheln verschießen,
Gewürgt von der Röhrenfaust.
So muß Gewalt uns umschließen,
Daß Unsterblichkeit braust,
Wild aus der Nacht erbraust.

Plätschernd ins schwarzschwanke Becken
Fallen die Wasser zurück,
Endlosen Beifall zu wecken
Endlos gespieltem Stück.
Hold erst der Seele Erschrecken
Wandelt den Wahnsinn zum Glück,
Stürzt uns in Trauer und Glück.

ABSCHIED

Keinem ich zum Glücke fehle.
Ich vergeh im Herbstesrauch.
Wäre dennoch eine Seele,
Sich zu kränken
In verlornem Meingedenken:
Liebe Seele,
Du vergiß mich auch!

Ob im Feld verscharrt ich werde,
Ob bei Kreuz und Rosenstrauch –
Erde komme ich zu Erde.
Die du mich getragen
In den süßen Jugendtagen:
Liebe Erde,
Du vergiß mich auch!

FREMDE HOCHZEIT

Der Mond im letzten Viertel
Stumm überm Walde schaukelt.
Das Haus ist totenweiß.
Die Fledermaus schwirrt und gaukelt –
Da klirrt dein Fenster leis ...
Löse, Geliebte, den Gürtel!

Wirf hin den Kranz der Myrthe!
Trüb brennt die Hochzeitsfackel –
Wirf hin das holde Reis!
Du Jungfrau ohne Makel,
Gib der Begier dich preis ...
Löse, Geliebte, den Gürtel!

Der Mond im letzten Viertel –
Wie traurig ist sein Funkeln,
Wie kalt sein Licht von Eis.
Still steh ich hier im Dunkeln,
Hauch deinen Namen leis ...
Löse, Geliebte, den Gürtel!

ERINNERUNG

Still sind die Gassen
Bis in mein Herz hinein.
Die Stadt ist verlassen –
Keine Tür läßt mich ein.

Freunde und Frauen
Wohnten einst dort und hier.
Im Fliederblauen
Flüsterts zu mir.

Die Tränen steigen
Ins Aug mir fremdem Mann:
Nur noch mein Schweigen
Mich halten kann.

Fort nur, o fort nur,
Bis ich im Trubel bin ...
Ein gutes Wort nur,
Und ich stürz hin ...

SPÄTHERBST

Ich wandre müd das Tal hinaus.
Vom Firn die Bäche mit Gebraus
Begleiten mich durch wüsten Stein
In lichten Lärchenwald hinein.

Der Nagelschuh am Felsen klirrt.
Der Wald in grauen Schatten schwirrt.
Ein Schneefeld noch, ein Zinnenkranz
Hoch oben stehn im Abendglanz.

Zwergweide schon den Bach umbuscht,
Wo mehlweiß die Forelle huscht.
Es lauscht dem wilden Wasserchor
Des Lattichs Elefantenohr.

Das Murmeltier pfeift weither schrill,
Dann ist es kalt und schauerstill.
Ein Hüttenrauch, ein Hirtenlicht:
O Flucht ins Menschenangesicht!

Ein kleiner, weißer Falter ruht
An einem blauen Eisenhut.
Der letzte Tag für alle zwei:
Ich gehe wie der Tod vorbei.

ZERFALLENES SCHLOSS

Schroffer Stein. Vermorschte Brücke.
Unterm Söller Waldesbrausen
Und der Ferne goldnes Schimmern.

Eines Turms zersprengte Stücke,
Steiler Treppen leere Schnecken,
Ans zerbröckelnde Gemäuer
Hingeklebt ein Nest von Zimmern:
Höhlen, drin die Eulen hausen.

Und wo Schwert und Dolches Klinge
Den Verruchten niederstießen,
Prasselt grün der Nesseln Feuer.

Drunten rasselt noch der Schrecken
Mit dem rostigen Eisenringe
In den frostigen Verliesen.

Droben, in des Windes Wehen,
Gehen die verwirrten Harfen,
Träne süß und der Bankette
Kerzenschein, und vom Gelächter
Noch das Zittern in den Balken.

Und der Männer Eisenklirren
Und der Schatten, die sie warfen,
Noch im Schutt ein flackernd Schwirren.
Rosseshuf und Ruf der Fechter,
Heller Tage kühne Falken
Und der Frauen heißes Girren
Und der Treue Ring und Kette,
Wappen-Nachruhm der Geschlechter
Und des Engels schwarze Schwinge.

Quartett

Wie sich die Spielenden zusammenneigen ...

Es rauscht im warmen Holz der Geigen
Ein Wald, von Händen grün belaubt.
Vögel jubilieren in den Zweigen.
Der Himmel ist ein hoher Ton
Von Schweigen.

Des Kniegeigers rundes Haupt
Schwimmt im braungoldnen Licht davon ...

IM HERBSTNEBEL

Tritt heut nicht auf Laub,
Tritt nicht auf Gras.
Was die Hexen streuen,
Weißt du das?

Keine Steine klaub!
Wirfst du, triffst du was,
Das dich sollt gereuen –
Weißt du das?

Stell dich blind und taub,
Ruf nicht Muhm und Bas:
Reiten nackt auf Säuen –
Weißt du das?

Mach ein Kreuz im Staub,
In vier Winde blas:
Kann dir nichts mehr dräuen –
Weißt du das?

DIE VERLASSENE

Ich möcht ein Feuer sein,
Das voller Glut
Keinem als dir allein
Recht wehe tut.

Ich möcht ein Brünnlein sein,
Wär mirs vergönnt,
Daß ich mich engelrein
Ausweinen könnt.

Ich möcht ein Lüftlein sein,
Das traurig weht,
Daß es mit süßer Pein
Durchs Herz dir geht.

Ich möcht nur Erden sein,
Gnug für ein Grab,
Daß sie dich legen 'nein,
Daß ich dich hab!

NACH VIELEN JAHREN

Die ich einmal sah,
Die ich nie besessen ...
Blickesnah
Seele sich in Seele fing,
Und ein Duft war da
Und ein Schmerz, der lange nicht verging.
Duft und Schmerz wie eine Wolke lange hing.
Und dann war sie doch vergessen ...

Manchmal nur
Im Gewirr der kranken
Weibgedanken
Kam ich auf die süße Spur.
Und der Duft war da
Und zerging ...

Wer es gewesen?
Frau im weißen Haar
Wird vielleicht dies lesen
Träumend, daß sie es war ...

GUTE STUNDE

Die Welt ist jetzt so laut,
Daß ich sie nicht mehr hören will.
Da ist sie auch schon still,
Daß mir vor ihrer Stille graut.

Ich bin so ganz allein.
Was kümmern mich die Leut.
Ich hab gehabt, was mich gefreut:
Ich aß das Brot, ich trank den Wein.

Ich hab genug und sage Dank.
Ich bin nicht krank
Und nicht gesund,
Aber sterben möcht ich zu jeder Stund.

Ich hab nach nichts mehr ein Gelüst.
Ich hab geweint und hab gelacht.
Gut Nacht! Ich wüßt
Kein Ding der Welt mehr, daß mich glücklich macht...

LIED DER WELT

Ja, es sind die alten Weisen,
Wie auf Hörnern hold geblasen,
Wenn die Menschen fröhlich reisen.

Und es sind die alten Klänge,
Daß du lägest unterm Rasen,
Rose aus der Brust dir spränge.

Und es sind die alten Lieder,
Daß die Liebste von dir ginge
Und du sähst sie niemals wieder.

Und es sind die alten Töne,
Daß mit kampfzerspellter Klinge
Stürzen Deines Volkes Söhne ...

Ja, es sind die alten Dinge,
Die wir in der Brust bewahren,
Sagenwild und märchenschaurig,
Bis in unsre glatten Tage.

Wage nur die Zauberfrage,
Und die Welt ist süß und traurig,
Wie vor tausend Jahren ...

Das Leben

Wie bist du hergewachsen, du?
Im Garten, im Wald, im Feld?

Bist du ein Schlinggewächs, ein Traum,
Bist wildes Kraut, voll Hexenduft,
Bist eine Blum voll Himmelsruh
Oder ein Baum
Wach und wehend in breiter Luft?

Wie bist du auf der Welt?

Ich weiß nicht, wie auf der Welt ich bin.
Oft mein ich, ich wär ein Traum.
Ich rank und schwanke her und hin
Und spür meinen Atem kaum.

Oft bin ich als Blume hingestellt,
Und die Sonn küßt mich auf und zu,
Und Hexenkraut bin ich in schwarzer Kluft
Und dann wieder ein Baum,
Sicher mich rührend in klarer Luft,
Die Wurzeln tief in der Erde Gruft
Und das Haupt umhellt.

Ich weiß nicht, wie auf der Welt ich bin
Und bin auf der Welt doch gern.
Ich leb so hin, ich sterb so hin,
Wie Ros im Garten, wie Mohn im Feld.

Oft graut mir vor dem goldnen Sinn,
Des ich doch nie teilhaftig bin
Auf diesem fremden Stern...

AN EINE FRAU

Du sahst der Liebe Feuer an mir fressen.
Du nährtest es mit Hoffnung ohne Maß.
Dann aber gingst du. Warum tatst du das?
Jetzt will ich dich vergessen,

Ich will nicht bitter dich vergessen,
Will ruhmlos, lächelnd dich vergessen.
Dann will ich das Vergessen noch vergessen,
Mit dem ich dich vergaß.

TRÜBE GÄSTE

Was soll mir wieder geschehen?
Ist es genug noch nicht?
Ist denn von eignen Sorgen
Mein armes, kleines Licht
Noch nicht genug verborgen,
Daß all die Dunklen drehen
Zu mir ihr beträntes Gesicht?

Ich wär so froh, es käme
Zu mir ein heller Gast
Auf leichtbeschwingten Füßen
Zu wunschlos kurzer Rast,
Vom Himmel mich zu grüßen
Und wenn er ginge, nähme
Er auch von mir die Last.

Daß immer die Traurigen kommen,
Als hätt ich Kraft und Mut.
Sie spürens wohl, die Armen:
Wems selber wehe tut,
Der kennt auch das Erbarmen.
So seid denn aufgenommen
Und weint mit mir und ruht!

WINTERS

Winters, plötzlich in weißer Stille,
Wenn vor dem Fenster lautlos es schneit,
Und an den Scheiben die Flocken zerflittern,
Entsinnst du dich, wie der schwalbenschrille
Augusthimmel war, über dir weit,
Oder der Juni mit wilden Gewittern
Zornig zerriß sein prangendes Kleid.

Und es wird dich wie Tränen durchzittern
Winters, plötzlich in weißer Stille,
Das Gedächtnis verschollener Zeit.

REGENNACHT

Wie strömt es draußen! Die Fetzen der Nacht
Flattern im weißen Nebelwind.
Es jammert und bettelt: »Aufgemacht!«
Wie Tränen der Regen rinnt ...

Und Freunde und Fraun, die du kaum mehr kennst:
Verwehte Stimme, verblaßtes Gesicht –
Nun zerstoßen sie sich, Gespenst an Gespenst,
Vor deinem noch wachen Licht.

Einst batst du, ein armer Wirt, sie zu Gast:
Wie kamen sie leicht, wie gingen sie gern!
Du warst nur ein Hüttlein für kurze Rast.
Sie folgten dem hellern Stern.

Du ließest sie ziehen voll Wanderlust,
Du danktest noch ihrem Übermut.
Sie schmiegen sich jetzt dir dicht an die Brust
Und flüstern: Hier war es gut ...

Der Stern

Lange bin ich wach geblieben.
Bei der Lampe gelbem Blick
Sinn ich, weit aus mir vertrieben,
Über mein Geschick.

Wie ich jetzt mit übermüden
Augen aus dem Fenster schau,
Steht ein Glanzstern hoch im Süden,
Kalt und funkelblau.

Fremder Stern, den ich nicht kenne:
Nenne ich dich hold?
Ach, vielleicht an dir zerbrenne
Ich zu Rauch und Gold.

REINER TAG

Frühlingstag aus blindem Winter
Diamantenhell geschliffen,
Und der Fluß strahlt bis zum Grund,
Leuchtet moosgrün, kieselbunt.
An den alten Felsenriffen
Wallt des Flußgotts Bart,
Blinkt es wie von Nixen zart:
Weißer Brust, grüngoldnen Schwanzes.

Aber dahinter
Glänzt noch Abglanz reinern Glanzes:
Stein ist es nicht, Wasser ist's nicht:
Nur Licht.

Ein Entenpaar
In Glaswellchen, wunderklar,
Schaukelnd gleich Schiffen,
Rudert mit gelben Füßen
Grünschillernd, federfein,
Ganz durchfunkelt von Sonnenschein
Mitten in den süßen
Lichtzauber der Nixen hinein.

Einsamer Zecher

In einer Bauernschenke
Da hängt ein Bild, geweiht,
Daß, wer es anblickt, denke
An die Dreifaltigkeit.

Und in dem milden Scheine,
Der auf dem Bildnis ruht,
Da reifen erst die Weine
Zu himmlisch reiner Glut.

Gottvater ist zum Zechen
Ein wackerer Kumpan:
Kein Wörtlein tut er sprechen,
Schaut mich nur freundlich an.

Ich trink auch mit dem Sohne;
Der weiß manch gutes Wort,
Doch seine Dornenkrone,
Die zwingt er nicht mehr fort.

Und wenn die hellste Traube
Mein Blut mit Feuer speist,
Dann flattert weiß die Taube,
Da kommt der heilige Geist!

VORWINTER

Überm Schattentümpel spreizt
Schon der Frost die Krähenfüße;
Von des Herbstes Rauch gebeizt
Fällt das Laub aus allen Bäumen,
Bitter riecht die Luft nach Schnee.

Und aus alten Kinderträumen
Mild und weh
Reift nun die Dezembersüße.

Rose und Nessel

AUFBRUCH

Über Nacht, vom ersten warmen Winde
Kühn gemacht,
Hat der März das Tal geschwinde
Grün gemacht.

Wärmt der Wald sich, mager und gestrüppig
Erst das Fell,
Bald des Kirschbaums Knospen, üppig
Bersten hell.

Süßer Regen weint den weh gefrornen
Garten auf.
Blüten, die im Schnee verlornen,
Warten drauf.

Hinter das vom Winter ausgebleichte
Grau der Welt
Ist nun schon das frühlingsleichte
Blau gestellt.

Morgen kommt die Sonne: Furcht und Hoffen
Stöhnt vom Schlag –
Von des Lichtes Blitz getroffen,
Tönt der Tag!

WEG IM FEBRUAR

Schau die tränensüßen
Farben, schau den Föhn!
Ach, wie traurig schön
Dich die fernen Berge grüßen.

Auf der Straße spiegelt
Wasser sich im Eis,
Das, vom Frost entsiegelt,
Unter deinen Füßen bricht.

Und vom Winde aufgewiegelt,
Werfen ihren Mantel weiß
Von den Schultern schon die Hügel.

Plötzlich aufgeriegelt in der Wolkenmauer
Ist die Türe: Licht
Stürzt auf gleißend goldnem Flügel
Wild herein.

Hebe dein Gesicht
In den starken Schein!
Laß die Trauer! Spüre,
Wohin auch der Weg dich führe,
Wird er dir ein Heimweg sein ...

MÄRZHIMMEL

In des Märzens Wehen
Strömt aus vollem Herzen Dank:
Wolken, graue, weiße, gehen ...
Und nun wird der Himmel blank,
Blank, wie Du ihn nie gesehen.
So, als würde, wenn nur erst im Westen
Noch die letzte, schmelzende versank,
Nie mehr, nie mehr im Gewölb, dem festen,
Auch nur einer Wolke Schatten stehen ...

AUFTAUENDE LANDSTRASSE

Schnee, wie groben Salzes Korn
Rauscht mir unterm Wanderschritt.
Winterliche Reise!
Doch schon geht der Frühling mit,
Und die Sonne rückt nach vorn:
Gestern einen Hahnentritt,
Heute eines Mannes Schritt,
Morgen einen Hirschensprung.
Und mit übermütger Zung
Hat sie schon das Land beleckt,
Süß schmeckt ihr die Speise!
Wie ein Pardelfell gefleckt
Liegt der Anger hingestreckt
Wunderlicher Weise.
Wo die Straß den Wald durchläuft,
Liegt noch hoch der Schnee gehäuft
In der schmalen Schneise.
Doch dort vorn im Sonnenschein
Rinnts von tausend Wässerlein.
Blank vom Gleise trieft und träuft,
Daß die Straße schier ersäuft,
Bläulich blinkts vom Eise ...

Kleine Welt mir zu besehn,
Bleib ich voller Andacht stehn,
Schaue mit Entzücken.
Träum mich armen Wanderzwerg
Riesengroß, wie einen Berg,
Muß auf winziges Wunderwerk
Lächerlich mich bücken.
Hundert Quellen halt ich zu,
Plump mit meinem Nagelschuh,
Und ein Eisstoß treibt im Nu

Über seinen Rücken.
Urweltlandschaft – so als flöß
Durch die Ebenen von Löß
Reißend wild der Hoang-Ho
Und ich könnt ihn, götter-roh
Aus dem Bette drücken.
Sieh, mit flinkem Nagezahn
Bricht das Wasser neue Bahn,
Triftet hier ein Flöckchen Werg,
Holt sich dort ein Hälmlein Stroh
Und schießt jetzt hinunter froh,
Sprengend alle Brücken.

Und nun treibt es schwarz wie Ruß
Gegen den gestemmten Fuß:
Gletscherfloh an Gletscherfloh,
Ein Millionenrudel.
Immer wieder, Stoß um Stoß
Jagts hinunter, rettungslos
In den weißen Strudel.
Triebe neue Sintflut so,
Denk ich, fort die Menschheit bloß,
Widriges Gehudel!
Rasch und rascher wird die Wucht,
Unabsehbar wird die Flucht,
Wirbelnd wilder Sprudel,
Bis sich in beruhigter Bucht
Sammelt Satz und Sudel.

Müde meines Kinderspiels,
Eingedenk des Wanderziels
Geh ich wieder weiter.
Schon verglühn im Wolkenrost
Tages letzte Scheiter.
Käuzchenschrei und Rabenruf –

Riesig trabt mit blankem Huf
Überm goldnen Schnee der Frost,
Silberblauer Reiter.
Eis in feinen Nadeln sproßt,
Bis in Krusten, gläsern hart
Alles Fließende erstarrt,
Wieder jetzt die Straße knarrt
Unterm stillen Schreiter.
Fort der Traum, der mich genarrt
Von dem eitlen Götterwerk.
Mühsam, müd, ein Menschenzwerg
Wandr ich über Tal und Berg –
Und doch himmlisch heiter ...

Vor Ostern

Wie der Märzwind stößt und stürmelt;
Dort, die graue Wolkenherde
Übern Himmel hergeblasen,
Stupft, mit weichen, nassen Nasen
An die Erde; so, als möchten
Junge Pferde hier schon grasen.

Unterm Rasen wühlts und würmelt.
Weidenruten wehen gelber,
Wie wenn sie sich Zöpfe flöchten.
Menschen gehen auf den Straßen,
Reden seltsam mit sich selber,
Rührn die Hände, wild bewegt,
Wie wenn mit dem Wind sie föchten.

Und Dein Kind jagt aufgeregt
Nach dem ersten Osterhasen.

ERINNERUNG

April wars. Der Himmel wie Seide.
Und der Wind hat der Weide
Zärtliche Worte gesprochen
Ins gelbe Haar.
Das Veilchen noch ängstlich verkrochen
Im Blattgrün war.
Du hasts mit Entzücken gebrochen,
Wie süß hats gerochen. –
Das waren glückliche Wochen!

Es wurde ein trauriges Jahr ...

BLICK AUF DIE STRASSE

Der Asphalt, wie Elefantenleder,
Schimmert, nach dem Regen, grau herauf.
Und ein Ölfleck liegt, wie eine Pfauenfeder
Bunt, in sieben Farben schillernd, drauf.

Von den Ahornbäumen hat das Wasser
Über Nacht den Blütenstaub geschwemmt
Und nun hat ein Brei, ein schwefelblasser
Weithin alle Gossen überschlämmt.

Dreist ein Mädchen hebt das Bein, das schlanke,
Zu begegnen all der Pfützennot:
Und da trifft's mein stürmischer Gedanke
Und sie schaut herauf und lächelt, rot.

Tulpen, eine volle, bunte Woge
Fährt ein Mann auf seinem Rad und spritzt,
Daß der Tropfenschwall, vom raschen Soge
Wie zwei Feuerkreise um ihn blitzt.

Auf den Strauß, wie sie damit zu grüßen,
Weis ich lachend und sie lacht zurück.
Und enteilt auf zierlich schnellen Füßen
Und ich schau ihr nach, als wärs das Glück.

MÄRZ

Wie du den Frühling spürst:
Wenn du den Baum anrührst,
Schon ist er warm.
Leg deine Wange dran,
Halt ihn im Arm,
Horch in den Stamm hinein:
Fängts nicht zu sausen an
Wie junger Wein?

Fängts nicht zu brausen an
Wild allerwärts?
Wies in der Erde gärt,
Wies in die Lüfte fährt:
Selige Sonne nährt
Mild schon den März.

Bald aus verworrner Zeit
Herrlich der Wein sich klärt.
Holdester Trunkenheit
Halt deinen Becher, Herz,
Halt ihn bereit!

FRÜHLING IM KRIEGE

Schrecken erschlägt meine Stadt.
Blitz zerwirft mir mein Haus.
Feuer frißt meine Habe.

Und ich, wie ein schwärmender Knabe,
Stürm in die Sonne hinaus
Und raffe die Hände voll Blüten.

Was soll denn einer noch hüten,
Der keine Heimat mehr hat?

Blumen! Auf welchem Grabe
Streu ich sie morgen aus?

NACH VIELEN JAHREN...

Der Kuckuck, der dem Knaben rief,
Ist lange tot.
Die Blume, die das Kind beglückt,
Ist lang verblüht.
Das Märchen, das im Wald gehaust,
Ist lang vorbei.

In fremden Bäumen saust und braust
Ein junger Mai.
Ein Greis, von schweren Jahren müd,
Sich einsam bückt
Und hält die Blume, abgepflückt,
In starrer Faust.
Er schaut ins Abendrot verzückt
Beim Kuckucksschrei
Als obs, aus Märchenwäldern tief,
Sein alter Kinder-Kuckuck sei.

MAIGEWITTER

Üppig junge Mohrenweiber,
Tanzten Wolken wild herbei,
Wiegend warm die schwarzen Leiber,
Zu des Blitzes hellem Klirren,
Zu des Donners dunklem Schrei.

Schwanke Brust und schlanke Hüften:
Hoch auf ihrem Haupte trug
Jede Wolke, rasch in Lüften
Einen Krug im Flug herbei,
Den sie leerte und zerschlug
Bei der Schellentrommel Schwirren,
Bei der Pauken dumpfem Schrei.

Wie sie lachten, wie sie keuchten:
Ungeheuer troff die Lust
Aus dem Tiefen, Lebensfeuchten
Ihnen um die nackte Brust
Bei der Küsse wildem Girren,
Bei der Freude trunknem Schrei.

Fand schon jede ihren Freier?
Tanzte jede schon vorbei?
Von den Hüften schwebt der Schleier,
Naß in Düften bebt der Mai...
Fern des Blitzes goldnes Klirren,
Stumm des Donners dunkler Schrei...

GRÜNE ZEIT

In der Frühe, wenn ein kühner
Maientag die Nacht zerschmettert,
Fanden, aus dem Bett geklettert,
Wir die Welt schon wieder grüner,
Hundertfältig aufgeblättert.

Und wir konntens nicht erwarten:
Grüne Wunder unsrer harrten!
Magd und Mutter zum Verdrusse
Durch den nassen, grünen Garten
Stürmten wir hinab zum Flusse.

Seliges Herumgelunger!
Nicht die Pflicht und nicht der Hunger
Konnt im Ruf der Mittagsglocken
Aus dem grünen Waldgeschlunger
Zeitig uns nachhause locken ...

Nachts noch, müd ins Bett gesunken,
Tanzten um uns grüne Funken
Und wir brachen, da wir schliefen
Brausend, taumelnd, flammentrunken
In die grünen, grünen Tiefen ...

NÄCHTLICHER FENSTERBLICK

Blaue Nacht: Weißwolkiges Geschiebe
Wandert in des Mondes goldnen Lauf.
Ach, daß dies Gefühl des Glückes bliebe:
Drängend, aus Erinnrung hold herauf,
Geht in dir der Tag, ein Tag der Liebe,
Still, wie eine große Blume auf!

Im Regen

Kinder kommen gelaufen
Ins Grüne, ins Nasse
Heraus,
In den prustenden Regen,
Ersingen sich seinen Segen,
Daß er sie wachsen lasse.

Im hölzernen Fasse
Mit dunklem Basse
Aus allen Traufen
Lärmt schon der Braus.

Die Bäume schnaufen,
Lechzen dem Feuchten entgegen.
Gern wollen sies leiden,
Daß der Wind sie fasse
Im wilden Bewegen,
Im tanzenden Saus.

Die Eichen vorm Haus,
Die beiden
Uralten Heiden,
Stehen bescheiden
Und lassen sich taufen.

REGENLIED

Seine Harfen spannt
Übers grüne Land
Silbern blanker Regen.
Weißes Windhaupt singt,
Goldne Krone blinkt.
Alles atmet lauschend ihm entgegen.

Was ein Tausendjahr,
Was ein Tag nur war,
Kürzer oder länger:
Menschenlust und Leid,
Nimmer zählt die Zeit
Der uralte, blindgeweinte Sänger.

Was er dort und da,
Glanz und Elend sah,
Alt und umgetrieben,
König ohne Land,
Seine Harf er spannt,
Singt ein Lied, wir müssens schluchzend lieben.

Hoch vom Wolkensitz
Wirft nach ihm der Blitz
Seiner Schwermut Lanzen ...
Ohne daß er schweigt,
Kaum das Haupt er neigt.
Tausend Füße auf der Erde tanzen ...

BADENDE BUBEN

Buben, braun und blondgeschopft,
Die Strümpfe
In die Schuh gestopft,
Übern Rücken gehängt,
Waten, wild nach Indianertaten,
Durch die Sümpfe,
Von Mücken bedrängt,
Durch die grüngrauen Flußauen ...
Weidenstümpfe,
Birken, Erlen, Eschen
Schmaler Wege Breschen
Ins Dickicht hinein.
Hoch aus dem Blauen
Das Licht durch die Zweige tropft.

Einen Gertenspeer der eine sich schnitzt,
Eine Weidenflöte der andre sich klopft.
Den Mund gespitzt
Probt er voraus das leichte Lied.
So traben sie durch Busch und Ried.

Draußen über die heißen, weißen
Steine blitzend im Sonnengleißen
Der Inn kalt kochend zieht.
Aber die Buben drinnen
Im Busche schleichen und kriechen,
Wo die Pappeln flocken,
Die Faulbäume riechen,
Wo hundert Wässer
Stocken und rinnen,
Froschäugige Tümpel,
Wo angeschwemmt
Und im Schlick verschlämmt

Alte Flaschen und Büchsen und Fässer
Und morsches Gerümpel
Geheimnisvoll, fremd
Locken,
Eine Ente aufrauscht mit Geflatter, Geschnatter
Erschrocken
Oder eine Ringelnatter
Schlüpft unters Wurzelgeflecht
Oder im Altwasser steht ein glatter
Schwarzgoldner Hecht.

Aber nun, aus der grünen Grotte,
Von hundert Gerüchen gewürzt,
Nesseldurchflackert, lattichgeschürzt,
Kommt mit Schreien die Rotte
Herausgestürzt
Schmatzend im Schlamm
Herauf zu den Weiden am Uferdamm,
Sich rasch zu entkleiden.
Das sind nicht mehr bairische Buben –
Entronnen
Den dumpfen Stuben,
Gewonnen
Dem neuen, dem unbekannten Gotte,
Verloren dem Lamm,
Dem Kreuze zum Spotte:
Die da auf den Steinen sich sonnen,
Barbaren sind es, sind junge Heiden
Von Glanz umronnen, nackt ...
Wie das Wasser, das grüne und weiße
Auch zerre und reiße,
Wie der Wirbel sie packt:
Sie kommen geschwommen,
Schlanke und kühne
Werfen sich in das Brausen,

Vorbei, mit Grausen
Wo das Riff die schnelle
Strudelnde Welle zerhackt.
Immer wieder hüpfen sie
Und im freien Spiel der Glieder
Sonnentropfend schlüpfen sie
Herzklopfend liegen sie,
Die Leiber schmiegen sie,
Wo der Sand, der feine, heiße
In der Glut des Lichtes backt.

Endlich, in der Sonne Neigen
Wird ihr lautes Rufen stiller.
In den Pappelzweigen
Rauscht des Abendwindes Triller.
Frierend, klamm
Steigen sie hinauf zum Uferdamm.
Zitternd schlüpfen sie in Hemd,
Hose, Strumpf und Schuh.
Laufen schnaufend, abendfremd
Durch das Grauen
Der verzaubert stillen Auen
Ihrem Kloster zu.
Schweigend traben sie und rennen.

Hundert Kerzen brennen
Im Gotteshaus,
Lieblich, in der Blumen Pracht
Strahlt die letzte Maiandacht.
Klosterschüler, fromme Knaben,
Die im Inn gebadet haben,
Treten sie hinein
Gläubig in den Weihrauchschimmer
In den Lichterschein.

Dann beim Abendschmaus
Hungrigwild, mit Räuberzähnen
Essen sie, vergessen sie
Schnell den frommen Sinn:
Wie es ihnen schmeckt!
Kaum, daß sie mit Strafen
Bändigt der Präfekt!
Schon im Schlafen, wähnen
Sie noch immer
Sich als wilde Schwimmer –
Zuckt im Mondenschein
Lang noch Arm und Bein
Rudernd übern Inn ...

FRÜHLINGS-SONNTAG

Im jungen Gras die ersten Güsse:
Der Regen klopft, die Schlosse springt.
Das sind des Frühlings wilde Küsse.
Die Weidenharfe golden klingt.

Schon bringt der Wald die grünen Sessel
Dem Wanderer zur Rast herbei
Und zaubrisch wallt der bunte Kessel
Des Blütenwunders in den Mai.

Der Kirchturm zeigt, der frischgeweißte,
Die goldne Uhr voll Bauernstolz.
Hold schwätzt der Star, der heimgereiste,
Laut luft der Kuckuck aus dem Holz.

Weiß steht die Kirsche, schwarz die Fichte,
Ein wunderliches Hochzeitspaar.
Der Wind spricht herrliche Gedichte,
Die Drosseln schlagen feuerklar.

Vom Wirtshaus weht Musik und Kegeln
Als fern verworrner Lärm dahin.
Und hoch, in schwerelosem Segeln
Zwei Geier ihre Kreise ziehn.

BÄUME

Die jungen Bäume haben
Gesunden Schlaf wie Knaben:
Schau hin, sie träumen schon.
Mit Blütenwangen, rosig,
Auf Kissen, grün und moosig,
Verschränken sie die Zweige,
Eh mit des Tages Neige
Das letzte Bienlein flog davon.

Der Nußbaum dort, der alte,
Steht, daß er Wache halte,
Wiegt hin und her die Kron!
Wie lang die Nacht auch dauert,
Im halben Schlummer schauert
Er wunderlich und weise,
Besieht die Sternenreise
Behorcht der Quellen alten Ton.

Nun sieht der greise Späher:
Der neue Tag rückt näher.
Die ersten Flammen lohn.
Da rauscht er, ohne Schrecken
Die Kindlein aufzuwecken.
Schaut liebreich auf die Bäumchen,
Die Kirschen, Äpfel, Pfläumchen,
Als wärens Tochter ihm und Sohn ...

AUF DEM TURM

Enge Treppen, die ich klimme,
An des Glockensturmes
Mächtiger Stimme vorbei
Hinaus in des Turmes Schwalbengeschrei.
Über der Dächer Korn und Kimme
Das Land im Dunst, als schwimme
Eine Scheibe im Luftmeer frei.

Neig ich mich über des Gitters Rand
Schwindelnd hinunter:
Grau stürzt die steinerne Wand.
Aber drunten, ein bunter
Kinderschwarm auf dem heißen, weißen
Platze blüht wie ein Blumenbeet.
Und die verlassenen Gassen,
Darinnen die Sonne steht, glühen und gleißen.
Und die Bastei, steinalt
Wärmt sich den Buckel, schattenkalt
Dunkelt die mächtige Stirn.
Die dachte Jahrhundertgewalt.
Waffen klirren durch ihre Träume.
In den Höfen und Gärtchen, in jedem Spalt
Dunkle Bäume und helle Bäume:
Blühend Kirsche, Pflaum und Birn.
Störche klappern, nestnah, fliegen weit.
Und ich schwebe mit durch lichte Räume,
Über alt und neue Zeit...

UM JOHANNI

Der Mond ist nicht zu sehen.
Dort müßte er jetzt stehen,
Wo blaß ein Schimmer schwebt;
Wo überm schwarzen Hügel
Verhüllt vom Wolkenflügel
Sich bleich ein Antlitz hebt.

Zerflatternd ihre Schleier,
In Tänzen, nackter, freier,
Die Wolke weht und schnaubt,
In schwülen Lüsten flutend –
Auf goldner Schüssel blutend,
Liegt stumm des Täufers Haupt.

DER LAGERPLATZ

Schwarze Kohlen, wüste Haufen
Ausgebrannter, mürber Schlacken.
Längst verlassene Baracken,
Gleise, die im Schutt verlaufen.

Wilde Brombeerranken packen
Das Gerümpel, schwanken dornig.
Freche Nesseln sitzen zornig
Dem verfallnen Zaun im Nacken.

Rostiges Eisen, wirrer Plunder,
Hügel von geschmolznem Glase,
Windschief im verfilzten Grase
Bretterstöße, morsch wie Zunder.

Aber als ein hohes Wunder
Lodert in die Luft, die heiße,
Lebensgrün der totenweiße
Schweigend duftende Holunder.

HOCHSOMMERFRÜHE

Wanderst morgen du nach Westen,
Zwischen drei und vier,
Hast du nur den dunkelfesten
Himmelsbau vor dir.

Bald wird süß im Grünen flöten,
Was im Schwarzen schwätzt.
Zaghaft werden erste Röten
In das Grau geätzt.

Und du ahnst das Licht im Rücken
Und du drehst dich um:
Ein gewaltiges Entzücken
Überstürzt dich stumm:

Aufgeblättert, Feuerrose,
Wolk aus Wolke schwellt.
Wild wirft sich die atemlose
Sonne in die Welt.

Im Grase

Brunnen rauscht und Grillen singen.
Tausend zirpen fern am Hügel,
Eine, nah, wetzt ihre Flügel
Schrill
In den hohen Sommergräsern.

Aber nun, vom Dorf her dringen
Klänge von Trompetenbläsern
Lauter, als die Grill:
Bauern tanzen.

Und dein Herz weiß, ganz dem ganzen
Atemvollen Leben hingegeben,
Nicht, obs sinken oder schweben,
Schlafen oder tanzen will.

AUGUSTMORGEN

Den fernsten Kirchturm siehst du heut;
Es stört kein Hauch, kein trüber.
Und wandern hörst du das Geläut
Herüber und hinüber.

Das Licht wird Klang, der Klang wird Licht,
So leicht heraufgehoben ...
Im Glanz der reinsten Zuversicht
Bist du der Welt verwoben.

Die Kröte

Beim Holunderbaum,
Wo von Brunnen und Traufen
Sich die Wasser verlaufen,
Da ist unterm Brett,
Wie ein Stübchen, Raum.
Und da hat die Kröte Tisch und Bett,
Da hockt sie, fett,
Mit behaglichem Schnaufen
Und rührt sich kaum.

Aber am Abend, bevor
Es beginnt zu regnen,
Oder wenn das Gras
Naß ist vom Tau,
Im Dämmergrau
Wagt sie tappend sich vor
Und du kannst ihr begegnen
Beim glitschigen, schwarzen
Brunnenrohr.

Und die ganz Verwegnen
Nehmen ihr Pfötchen sacht
In die Hand,
Wünschen ihr eine gute Nacht,
Reden mit ihr, als hätt sie Verstand
Fragen, was sie da macht,
Heben sie wohl an den Brunnenrand,
Daß sie herblinkt, naß,
Menschenblaß,
Die Haut voller rötlicher Warzen.

Und wenn sie ihr in die Augen sehn,
Dann können sies wohl verstehen, daß

Die Kröte des Märchens geheimste Gestalt
Eine verwunschene Königin
Weise, uralt
Mit ihrem Krönlein, gezackt:
So tief ist drin
Im Aug ihr die Goldgewalt.

Aber einmal, am lichten Tag
Haben wir aus dem feuchten, frischen
Erdreich Würmer gehackt
Zum Fischen,
Und dabei den Brunnenverschlag
Leise gelüpft und da lag
Die Kröte verschlüpft.
Sie ist aber nicht davongehüpft,
Sie hat nur erschreckt
Gequakt und mit bangem Geschau
Die Fingerlein gegen uns ausgestreckt.
Da hat uns doch ein Grausen gepackt,
Als hätten wir, mit unschicklichem Blick,
Hocken gesehen, bauchgrau und dick
Fleischnackt
Vom Dorfe drunten die Bäckersfrau...

HAHNENSCHREI

Die Hähne krähn
Den Tag entlang
Vom ersten Mähn
Und Sichelsang
Bis spät zum Feierabendklang.

Das Krähen schweift
Von Haus zu Haus
Und weiter greift
Landein, landaus
Der Feuerruf, der Siegesbraus.

Er überspringt
Das Wasser breit
Und er durchdringt
Waldeinsamkeit,
Es ist ihm nicht die Welt zu weit.

Da Petrus einst
Den Herrn verriet,
Hat er geweint
Beim Hahnenlied:
Verrat und Reu noch heut geschieht.

Des Hahnes Stimm
Ist siebenfach,
Ist stark von Grimm,
Von Ängsten schwach:
Sie hält das Herz der Erde wach ...

Im August

Späte Pracht des Rosenstocks.
Siebenfarbig blüht der Phlox.
Zitterlust und dunkler Braus:
Letzter bunter Bienenschmaus.
Sonnenblume, schwärzlich braun
Schläft schon schweren Haupts am Zaun.
Apfelgarten, kühl und grün
Stillt das aufgeregte Blühn.
Ährenfelder, brandig schwer
Wälzen sich wie Wellen her,
Heben hoch das Kirchlein weiß
In den Himmel, flimmerheiß,
Daß es wie ein Schiffchen fährt
Samt den Heilgen, goldverklärt
Durch der Bauern Blumenlust
Hoch im schimmernden August.

SOMMER-MITTAG

Vom Himmel lodert Feuers Sturz.
Der Wald sich ganz in sich verkriecht.
Sein Schattenkleid wird ihm zu kurz.

Das Gras, am Morgen erst gemäht,
Noch bunt und sterbensbitter siecht,
Bis es, zum duftigen Heu gebräunt,
Nun süßer stets und süßer riecht.

Das Hühnervolk im Schatten streunt.
Der Gockel ganz verschlafen kräht.
Vom Felde her dringt marterspitz
Der Grillen Schrei: die Hitz, die Hitz!

Ein Wölkchen, als ein Tüchlein weiß
Vom Wind ein wenig aufgefrischt,
Dem Himmel von der Stirn den Schweiß
Des unbarmherzigen Tages wischt.

Das Haus, von lauter Licht erdrückt
Und von des Schweigens Angst gepackt,
Sich tiefer in die Bäume bückt.

Im tiefen Wald ein Knabe schleicht,
Vorsichtig, daß kein Ästchen knackt.
Er träumt, er säh im Teich vielleicht
Ein Hexlein baden, weiß und nackt.

WANDERUNG

Zwischen duftigblauen Bergespfosten
Schwebt das Zelt des Himmels, leicht gespannt.
Kühle Krüge tragend in der Hand
Wandern Regenfrauen weit nach Osten,
Netzen wunderbar das grüne Land.
Sag, was soll es sein? Tränen oder Wein?
Hebe deine Lippen, um zu kosten:
Wein und Tränen, beiden scheints verwandt.

Und die Wolkenweiber eilen weiter,
Neue bringen Regen, Guß um Guß.
Doch da wird schon über Tal und Fluß
Nun der Strom der Himmelsbläue breiter
Und die Erde dampft im Sonnenkuß.
Und die Kirchen stehn weiß und weit zu sehn.
Und die Gottesäcker grüßen heiter,
Daß dein Herz der Toten denken muß.

All der Toten, die hier auf dem Grunde
Ihrer Heimat liegen, still verklärt,
Erde nährend, die auch sie ernährt,
Noch im Grabe wuchernd mit dem Pfunde,
Das den Lebenden einst Gott gewährt.
Seliges Vertrauen, droben Ihn zu schaun,
Blüht empor aus ihrem Blumenmunde,
Kaum noch, daß ihr Leib zur Grube fährt.

Und aus Nord und Süd und Ost und Westen,
Aus dem Eis, den Wüsten und dem Meer
Eilen zahllos graue Schatten her,
Lösend sich aus ihren armen Resten,
Die dort liegen ohne Wiederkehr.
Zu der Heimatgruft ziehn sie durch die Luft
Zu der Liebe schönen Totenfesten,
Zu der Grabesscholle, ahnenschwer.

Nacht hat leise nun das Land betreten
Und ich geh dahin im Dämmerschein,
Hör von da und dorten den verwehten
Klang der Glocken zu einander beten
Und die Brust wird mir so leicht und rein.
Geh im Pilgerkleid ich noch durch die Zeit,
Horch und schau vom Rande des Planeten
Ich doch weit schon in das All hinein.

Hoch in Blut und Feuer, ungeheuer
Geht dahin das schicksalvolle Jahr.
Und die Rosen blühn doch wunderbar
Und der Nordstern steht am stillen Steuer,
Lenkt, wie immer schon, der Sterne Schar.
Liebe laß allein Deinen Boten sein:
Glaub, es lebt im Himmel kein Getreuer,
Der kein Liebender auf Erden war.

NACHT IM BAUERNHAUS

Ein seufzender Atem wehet
Hin durch das hölzerne Haus.
Auf leisesten Pfoten gehet
Durchs Zimmer die silberne Maus.

Oh Haus, drin vom Vater zum Sohne
Uraltes Geheimnis ruht ...
Die Nelken dort am Balkone
Glühn schwarz wie geronnenes Blut.

Ich liege im kühlen Linnen:
Wer schlief schon, wer starb in dem Bett?
Mir ist, ich könnt es ersinnen ...
Der Holzwurm raspelt im Brett.

Vorm Fenster, dem gitterkleinen,
Steht der Mond, so schön und groß:
Nicht weinen, oh nur nicht weinen –
Die Welt ist erbarmungslos ...

Ein Sommertag

Sommer, süßer Summer, summ!
Tausend Immen fliegen, Käfer
Hummeln mit Gebrumm
Tummeln rund um mich herum
Um den heißen, gliederweißen
Blumenbunten Wiesenschläfer.

Grillen schrillen messerspitz.
Frösche quaken laut im Weiher.
Blinzelnd durch der Augen Schlitz
Schau ich in den blauen Himmel
In das summende Gewimmel.
Durch der Mücken goldnen Schleier
Fährt der Schwalben schwarzer Blitz.

Krieg ist, Krieg! Nach Jahr und Tag
In der Schule lernt ein Knabe,
Was geschehn sei heute mag ...
Aber nicht, wie gut ich lag
Diesen langen Sommertag:
Süß, wie Honig in der Wabe,
Wie die Liebe tief im Grabe,
Wie die Sonne leuchtend stumm ...
Friede weit um mich herum
Und ich selbst des Friedens Nabe ...
Sommer, süßer Summer, summ ...

TRÜBER TAG IM GEBIRG

Das Gras ist gemäht.
Weiß schäumt der Bach,
Ein Gockel kräht.
Die Schwalbe spät
Schwätzt unterm Dach.

Die Sonne leckt
Am Nebel schwer,
Der rauchig schmeckt.
Den Eiszahn bleckt
Der Gipfel her.

Was willst du tun,
Unruhiger Gast?
Den Nagelschuhn
Gebiet zu ruhn:
Halt einmal Rast!

Trink roten Wein,
Schau für dich still.
So ganz allein
Mit dir zu sein,
Trags ohne Spott:
Wer weiß, was Gott
Dir sagen will ...

SEHR HEISSER TAG

Noch im Schatten, grünumdämmert,
Schließt du deine Augen fast,
Weil die Sonne dich verwirrt.
Draußen klirrt und flirrt der Glast
So, als würde ohne Rast
Schnell auf grelles Blech gehämmert.

Grillenschriller Lärm des Lichts:
Über der zerrißnen Erde
Falterblau die Hitze flämmert.
Übers Brachfeld, ohne Hast,
Treibt ein feuerdürrer Hirt
Seine staubumwölkte Herde
In ein heißes, weißes Nichts.

Die Rose

Als sich die Rose erhob, die Bürde
Ihres Blühens und Duftens zu tragen
Mit Lust:
Hat sie, daß es der letzte sein würde
Von ihren Tagen,
Noch nichts gewußt.

Nur, daß sie glühnder noch werden müßte,
Reiner und seliger hingegeben
Dem Licht
Spürte sie – ach, daß zum Tode sich rüste
So wildes Leben,
Bedachte sie nicht ...

Als dann am Abend mit Mühe der Stengel
Ihre hingeatmete Süße
Noch trug,
Hauchte sie, fallend dem kühlen Engel
Welk vor die Füße:
»War es genug?«

SPÄTSOMMER AM INN

Kalte Früh im weißen Bausch.
Nebelwände rauchen.
Wird daraus der wilde Rausch
Starker Farben tauchen?

Überm Flusse regt sichs fremd,
Scheu vor Spähgelüsten.
Sieh, nun sinkt das leichte Hemd,
Glänzts von Armen, Brüsten.

Still die Fähre zieht im Braus
Am gespannten Seile.
Drüben winkt ein freundlich Haus,
Daß ich dort verweile.

Golden lockt des Hahnen Schrei.
Folgend solchem Rufer
Zieh ich wie ein Held herbei,
Stoße leicht ans Ufer.

Junge Magd bringt roten Wein.
Wie den Blick sie tauschet,
Ist mir jäh: Die könnt es sein,
Die ich nackt belauschet.

Leichtes Licht und fast noch heiß
Spielt um ihre Glieder,
Und als wüßt sie, was ich weiß,
Schlägt das Aug sie nieder.

An die Lippen setz das Glas
Träumend ich im Wachen.
Und der Inn schallt über Gras
Wie ein Männerlachen ...

DER REGENTAG

Der Tag hat tränenwild
Sich ausgeweint.
Noch hängt ihm mähnenwild
Der Wolke Haar.
Wie jetzt im Feuchten schon
Die Sonne scheint,
Kommt auch ein Leuchten schon
Ganz überklar.

Die Fernen dunkeln im
Abendverglühn.
Die Sterne funkeln im
Regen und Rauch.
Dämpfe entsteigen nun
Dem Wiesengrün.
Kämpfe, sie schweigen nun:
Schweige du auch!

Schweige, und übe du
Stille Geduld:
Hing der Tag trübe zu
Traurig und schwer –
Wende den Büßerblick
Himmlischer Huld:
Spät solch ein süßer Blick –
Wolltest du mehr?

STILLER SPÄTSOMMER

Die Welt wird still, wenn der Sommer stirbt.
Kein Kuckuck ruft; keine Grill mehr zirpt.
Nur wie leise Gitarren, verschieden gestimmt,
Der Heuschrecken Schnarren im Grünen schwimmt.
Der Gärten Geschrei verhallt hinterm Zaun.
Draußen wird Feld und Wald schon braun.
Und die glühende Rose ein Schauder packt:
Die Herbstzeitlose tanzt stumm und nackt.

Nachts im Dorf

Voll des süßen Weines lärmen
Wir aus hellen Wirtshaustüren
In die schwarze Herbstnacht wild.
Und auf schwanken Füßen führen
Einen Bacchus wir, mit Schwärmen,
Bärtig, ungeheuer,
Frevelhaftes Heidenbild,
Durch das fromme Dorf. Die Heiligen lauschen
Holzgeschnitzt, den lästerlichen Schwüren,
Härmen sich,
Daß ihr alter Glaube nichts mehr gilt.

Laut die Brunnen rauschen,
Hähne erste Grüße tauschen,
Aus den Falten grauer
Nebel quillt
Rot das Morgenfeuer.
Und des Tages Schauer
Wunderlich uns stillt:
Wie aus unsern Kränzen
Fortgeworfen, glänzen
Schwarz und mild
Rosen an der Kirchhofmauer.

LANGDAUERNDER SOMMER

Daß er hinfahre im Jahre,
Wußte der Sommer doch:
Sich zu erheben ins Klare,
Einmal vermocht ers noch.

Spät im Oktober erhob er
Tapfer das Haupt ins Licht,
Überströmender Lober
Sang er sein Sonnengedicht.

Wo noch ein runder, gesunder
Apfel im Baume hing,
Pries er das selige Wunder,
Wenn er vorüberging.

Über alle Maßen vergaß er,
Daß seine Zeit um sei.
Auf allen Bergen noch saß er
Blaugolden und blies Schalmei.

Bis sich die leisere Weise
Unter den Sternen verlor,
Letzter Hauch unterm Eise
Stürzenden Winters ihm fror.

Der Herbst

Lang träumte der Sommer. Die scharfen
Herbsthunde lagen noch still.
Seine Hände pflückten aus Harfen
Den unnennbaren Klang
Und er lauschte dem eigenen Sang
Wie einer, der nicht mehr erwachen will.
Doch dann von den Bergen her drang
Der Hornruf des Herbstes und zwang
Zu männlichem Gang.
Aus den Wäldern die Hunde sich warfen.
Der Sommer erschrocken aufsprang
Und rührte die Locken: schön!
Er ging noch nicht gleich:
Im Tal stand er lang und der Herbst auf den Höhn
Und zwischen beiden, so mild, so bang
Hinschwankte das irdische Reich,
Bis eine Nacht kam, die weich war von Föhn.
Der Sommer ging fort, und der siegende Mann,
Der Herbst, stieg schweigend herab aus dem Tann,
So bunt und so bleich zugleich.

HERBSTANFANG

Süßer in der Brust der Frauen
Wohnt der Sommer, schaukelschwer.
Unter hohen Augenbrauen
Gehn die Blicke, gaukelleicht.

Seht den Herbst, den eisengrauen,
Düster reiten, kriegerschwer.
Unter seinem Helm zerhauen
Blickt er kühn und siegerleicht.

Mit der Hand, der frostig rauhen,
Greift er in die Kränze schwer.
Und nun naht er sich den Frauen
Todestraurig, tänzerleicht ...

Im Herbstgarten

September ist es, mild und spät.
Ein alter Mann im Garten geht.
Erinnerung, wohin er schaut:
Des Blumenjahrs verdorrend Kraut.
Der ersten Liebe Veilchenblühn –
Nun ists ein wuchernd Schattengrün.
Wie sog er sich an Lüsten satt –
Maiglöcklein weist das welke Blatt.
Wie glühten Frauen, üppig, frisch –
Pfingstrose ist ein rauh Gebüsch.
Wie kämpfte er um Mannes Wert —
Die Lilie hebt ihr rostig Schwert.
Ihm wuchs die Tochter, starb der Sohn –
In schwarzen Samen quillt der Mohn.
Und köstlich war das Leben doch –
Die Rosen blühen immer noch.
Wie mild er jetzt den Tod begreift –
Der Herbst den Apfel golden reift.
Nichts ist zu früh, nichts ist zu spät –
Am Stabe erst der Wein gerät.

SEPTEMBERMORGEN

Auf dem Turm, im Morgenstrahl
Steh ich, lichterfüllt.
Nebel hält das weite Tal
Drüben noch verhüllt.

In des Himmels lichtes Blau
Dröhnen Glocken schwer.
Unsichtbar, aus goldnem Grau
Schwingt die Antwort her.

Sieh, der Nebel reißt und raucht!
Grün und bunt der Hang!
Blitzend aus der Tiefe taucht
Jetzt der Turm, der klang...

MONDAUFGANG

Kupferrot, als wie ein Trunkenbold
Aus dem Dampf der Schenken taumelt,
Ein Soldat, die Taschen voller Sold,
Wankt der Mond, benebelt, auf die Brücke ...
Torkelt, schwingt sich aufs Geländer, baumelt.
Plötzlich, in den Fluß, der dunkel rollt,
Wirft er klatschend zauberblanke Stücke Gold!

SCHÖNER SEPTEMBERTAG

Aus dem weißen Nebelneste,
Drin er lange träumend lag,
Hebt sich, stolz, mit buntem Krähen,
Flügelschlagen, Federnblähen
Der geschwänzte, goldbetreßte
Prunkende Septembertag!

Und die mit im Nebel schliefen:
Hügel, Acker, Baum und Feld,
Plustern sich und stehn und rennen –
Alle Häuser sind wie Hennen,
Die im warmen Lichte triefen –
Und der Hahn, der ist ihr Held.

Schau den Kürbis dort, den Prahler!
Alle Welt lockt er herbei,
Dorf und Straße kommt gelaufen,
Und Frau Sonne will ihn kaufen,
Zahlt die letzten blanken Taler
Für das goldne Riesenei ...

LETZTER HERBSTTAG

Der Herbsttag, bunt und leicht,
Ein Schmetterling hold,
Ein Pfauenauge
Streicht
Durch den Himmel aus Blau und Gold.
Schau hin, wie er blitzt!
O zärtliche Stille, nun sitzt
Er dir auf der Hand.
Wie Wimpern regt
Er die Flügel, jetzt unbewegt,
Daß er Süßigkeit sauge,
Hat er die Schwingen zusammengelegt,
Dort
Ruht er an deines Herzens Rand ...

Sprich kein Wort!
Heb nicht die Hand!
Gleich fliegt er fort!

GLEICHNIS

In unsern Kinderjahren,
In Winternacht, wenn mild
Die Hängelampe glühte,
Wie wir da glücklich waren,
Wenn unsre Hand sich mühte
Mit einem Abziehbild!

Wir netzten und wir wetzten,
Daß keins verglitte schief,
Und daß wir keins verletzten,
Wenn wir es schmückend setzten
Auf Tasse oder Brief.

Heut ist im Nebelweißen
Verhängt das Tal wie blind.
Und es ist doch, als rieben
So, wie einst wirs getrieben,
Die Hülle zu zerreißen
Die Sonne und der Wind.

Und jäh, im bunten Golde
Ganz ohne Fehl geglückt,
Erglänzt aus feuchtem Bade,
Steigt rein aus ziehnder Schwade
Das Bild der Welt, das holde.
Wir stehn und schaun verzückt.

HERBSTFEIER

Den letzten Apfel wirft der Wind ins Gras.
Hör ihn um Einlaß an die Erde klopfen.
Die Wespenbrut entschlüpft, die an ihm fraß.

Der Nebel schmilzt. Still fallen goldne Tropfen.

Der alte Gärtner tut noch dies und das
Und stellt sein Werkzeug sorgsam in den Schopfen,
Als wärs so sicher, wie nur irgendwas,
Daß er zu graben kommt und umzutopfen,
Wenn Winters wieder erst die Welt genas.

Nun gilts, dem Herbst die Pfeife recht zu stopfen:
Tragt alles Laub herbei, den Kranz von Hopfen
Reißt ab, der rostig noch im Zaume saß.
Jetzt zündet an! Wind, fahr hinein und blas!
Schon rauchts und schmauchts. Der Herbst versteht
                                                  den Spaß.
Aus grünen Flaschen treibt die braunen Pfropfen:
Dem jungen Wein des alten letztes Glas!

BÜCKEBURGER SCHLOSSGARTEN

So hohe Kastanienbäume
Hab ich noch nie gesehn,
Wie sie im Bückeburger Schloßgarten stehn.
So dicke Karpfen, so bläulich bleich,
Sind nirgends geschwommen
Wie dort im Teich.
Wie bin ich hineingekommen
In das verzauberte Reich?
Mit Wappen und Rittern
Ein steinernes Tor,
Mit Pförtchen und Gittern
Und einem Dach davor ...
Lang ist es schon her und nichts weiß ich genau.
Das Schloß war alt und war gelb und grau.
Waren nicht Löwen und Bilder aus Stein?
Es wird wohl schon so gewesen sein.
Nichts sonst. Der Himmel war blau wie Glas ...
Kastanien knallten in Kies und Gras.
Und die Karpfen rührten die Mäuler breit
Und glotzten stumm wie die Ewigkeit.

AM FRIEDENSENGEL

Der Springquell, windverweht
Plätschert die Stufen naß.
Der Himmel darüber steht
So müd, so blaß.
Wie das Geranienbeet
Üppig in Farben prahlt
Als wär der Herbst noch hold.
Welt, ach, vergebens malt
Welkes Gesicht sich kraß...
Die Birke, sturmgedreht
Mit rasch blinkendem Gold
Des Sommers Freuden bezahlt...
Lust, die sich ausgelebt,
Leid, das im Herzen sitzt:
Name bei Namen webt
Hier, in den Stein geritzt,
Der, wie von Tränen glatt,
Steilauf als Brüstung strebt.
Wunschwort und heißer Kuß
Hängt noch in Lüften matt,
Weinfeucht am Boden klebt
Blatt neben Blatt.
Still, aus den Nebeln blitzt
Glasgrün der Isarfluß.
Golden die Schwinge hebt
Stumm jetzt der Engel, schwebt
Über der Stadt...

LANDSCHAFT

Mächtig hingelagert eine quere
Wolke, wie ein blutiges Beil.
Und davor vier Pappeln, stumm und steil,
Dunkle Wächter irdischer Ehre.
Doch dahinter eine süße Abend-Himmel-Leere
Und ein Stern, als wäre
Hoffnung auf das ewige Heil!

Die Raben

Eine Leiche, unbegraben,
Liegt die Landschaft, ohne Schnee
Unterm weichen Himmelsstriche.
Auf dem Felde zanken Raben,
Schwanken auf, wie ich in trüber
Einsamkeit vorüber geh,
Schreiben in die bleichen
Winterwolken wunderliche
Schwarze Zauberzeichen...
Und ich fürchte, daß ich sie versteh.

Im Dezember

Rabenschrei. Des Winters Türe knarrt.
Ächzend ist im Sturm sie aufgeflogen.
Krächzend kommt der schwarze Schwarm
Durch die rauschend kalte Luft gezogen.

Fichtenwald, der schwer von Lanzen starrt,
In die Flucht geworfen, überritten,
Fängt schon an, herab ins Tal zu wogen.
Lautlos kommt es hinter ihm geglitten,
Weißes Wolkenvolk mit Pfeil und Bogen.
Wild im Schneegewimmel schnarrt
Keuchend jetzt der Himmel.
Hingeduckt, wie unter Pferdebäuchen, warm
Liegt das Dorf im wirbelnden Getümmel.

Vor Weihnachten

Oh süßer Weihnachtsvorgeschmack:
Mit einem neuen Bücherpack,
Der mich zu toller Neugier reizt,
Komm ich nachhaus und mache Licht.
Eisblume sich am Fenster spreizt.
Bald glüht und sprüht mit Knick und Knack
Der Ofen, tüchtig eingeheizt.
Nun her mit Pfeife und Tabak!
Wie lieblich mirs die Nase beizt...
Gar noch Kaffee? Nur nicht gegeizt:
So heimlich wars seit Jahren nicht!
Aufs alte Sofa ich mich flack
Und schmökre erst in Schnick und Schnack –
Doch bald versink ich im Gedicht,
Indes mit Jagdruf, Wind und Wicht
Die wilde Rauhnacht draußen weizt.

WINTERLICHER WEG

Im ebnen Schnee
Siehst du, wie krumm
Der Birnbaum steht.
Im Rabenschrei
Hörst du, wie stumm
Die Landschaft ist.

Es saust und weht...

Am Waldrand liegt ein totes Reh.
Zum Opfer fiels des Fuchses List.
Du gehst vorbei,
Als lägs nur drum,
Daß du am Tod dein Leben mißt.

Im Winterweh
Weißt du warum
Du heut so frei
Und fröhlich bist...

BLUMEN IM KRIEG

Gelbe Tulpen im Glase:
Schau sie dir an!
Wie die Welt auch rase
An diesem Tage, der blutet und stöhnt
Heldisch und roh,
Von Eisen zerdröhnt:
Sie haben nicht Teil daran –
Gelbe Tulpen im Glase.

Etwas muß sein, daß es bleibe,
Ohne daß mans gewöhnt:
Wert, der nichts sonst begehrt,
Als dies eine:
Schön zu sein: Unversehrt
Mitten im Wahn.

Furcht ist im Leibe,
Blut ist im Weine,
Schmach ist im Weibe,
Unrecht im Schwert.
Neid ist im Golde,
Haß ist im Edelsteine.

Doch, ob auch des Gerichts
Posaune blase:
Nichts rührt das holde
Reine Geheimnis an:
Gelbe Tulpen im Glase!

SCHWÄBISCHE SCHENKE

Steht da ein altes, trunken geneigtes
Kummergebeugtes
Lachengeschütteltes Haus.
Krächzt ein Schild dran. Ist eine Schenke.
Wohlan, ich denke, da kommt keiner ungebeten,
Stolpre gradaus,
Winde mich über die schneckengedrehten,
Ausgetretenen, ächzenden, knarrenden
Treppen voller Äste und Gruben,
Stoße die Tür auf zur lichtdurchwehten
Fensterblitzenden Stuben,
Wink der im Winkel sitzenden
Häkelnden, harrenden Kellnerin.
Setze mich breit an den sandgescheuerten
Sonnenumklirrten Ahorntisch.
Schau her, schau hin, steht schon, blinkend frisch
Vor mir der Rote, der lichtbefeuerte
Wein aus dem Unterland,
Schenkt schon das Mädchen mit weißer Hand.
Blond ist sie und blau,
Gleicht genau einer heißumworbenen,
Weh verdorbenen, längst verstorbenen Frau.
Laß die Weiber! denk ich und trinke.
Alte Liebe! Träum ich und winke:
Holde Beschwörung, sie sei mir erlaubt.
Und wie ich trinke, wie ich versinke,
Wölbt mir der Wein das einsame Haupt.

TROST

Du weißt, daß hinter den Wäldern blau
Die großen Berge sind.
Und heute nur ist der Himmel grau
Und die Erde blind.

Du weißt, daß über den Wolken schwer
Die schönen Sterne stehn,
Und heute nur ist aus dem goldenen Heer
Kein einziger zu sehn.

Und warum glaubst du dann nicht auch,
Daß uns die Wolke Welt
Nur heute als ein flüchtiger Hauch
Die Ewigkeit verstellt?

NACHTS

Denke, in Nächten zerwacht –
Nimmer findest du Ruh:
Mancher hat manche Nacht
Wacher gedacht als du!

Lache an liebender Brust,
Trinke den Freunden zu:
Mancher hat manche Lust
Tiefer gewußt als du!

Weine, verlassen, allein,
Wandre im schweren Schuh:
Mancher hat manche Pein
Wilder verweint als du!

Wirb, wie keiner noch warb:
Falle das Glück dir zu –
Mancher bitterer starb
Ach, und verdarb, als du!

Schlage die Harfe! Gesang
Wandelt die Welt dir im Nu.
Manchem die Saite zersprang,
Der süßer sang als du!

RÜCKBLICK

Nun, da ich entsagen lerne
Und der Jugend schöne Ferne
Halb sich auftut, halb verhüllt, –
Nacht zeigt ihre ersten Sterne –
Trügt die Welt, als hätt sie gerne
Frühe Wünsche mir erfüllt.

Jeder Weg scheint nun verbreitert,
Felsen golden überleitert,
Abgrund wipfelgrün verdeckt.
Ach, und abendlich erheitert
Sehe ich, wo ich gescheitert,
Hat mich nur ein Wahn erschreckt.

Mutig schaut vom sichern Steige
Auf den Berg zurück der Feige,
Wo er ging, auf Graten schmal,
Auf des Schneefelds steilster Neige:
Deinem Engel dank und schweige –
Keinen führt er noch einmal!

Narr, von Wünschen aufgewiegelt,
Glaube nicht, was Trug dir spiegelt:
Tausendfältig von Gefahr
Menschenwege sind verriegelt.
Das Geheimnis sei versiegelt,
Wie dir deiner offen war ...

DER TOD

Käm der Tod im Kleid von Eisen,
Trüg das grimme Schwert zur Seite:
Glaube würde ihm beweisen,
Daß er ohne Waffen schreite.

Käm der Tod, als wie zum Tanze
Unter Geigenklang gegangen:
Hoffnung würde nach dem Kranze
Kühn, auf seinem Haupte, langen.

Käm der Tod als Schreck-Gerippe
Voll Verwesungshauch und Schwäre:
Liebe böte ihm die Lippe,
Daß er nicht mehr traurig wäre.

DER ENGEL

Es wandelt schön und groß
Ein Engel vor uns her.
Oh Augen gnadenlos:
Wir sehen ihn nicht mehr.

Er wandelt groß und schön
Durch diese Tage schwer.
Im Stöhnen und Gedröhn:
Wir hören ihn nicht mehr.

Wir sehen nicht sein Licht.
Uns bleibt der Himmel leer.
Wir hörn nicht, wie er spricht:
»Gott in der Höh sei Ehr!«

Wir hören nicht, wie er spricht:
»Friede sei um euch her!
Ihr Menschen fürcht' euch nicht!«

Wir fürchten uns gar sehr...

BITTE

Dich
Nicht Dich
Dein Gesicht
Nicht Dein Gesicht
Nur Deine Augen
Die Augen nicht
Den Blick nur Deiner Augen
Den Schimmer nur von Deiner Augen Blick
Laß mich bewahren!
Ich taste mich, entlang den toten Jahren
In meine frühe Seligkeit zurück.
Ich will mir aus der leeren Luft
Dein Antlitz und Dein Haar
Des Leibes Duft
Das Tränenlächeln Deiner Seele will ich saugen ...

Beim Wein

Der Tod hat keine Lippe mehr,
Er hat nicht Schlund noch Bauch.
Und doch schleicht das Gerippe her:
Stumm stellt er seine Hippe her,
Will trinken, wie wir auch.
Er schüttet sich den roten Wein
Hinunter in sein Totenbein,
Als göß er einen Strauch.
Schau an, der Tod fängt an zu blühn,
's will wie von Rosen um ihn glühn,
Er winkt mir zu, ich trink ihm zu:
Wie macht der Wein mich kühn!
Doch, wie dem Tod ich sagen will,
Daß heut ichs mit ihm wagen will,
Vergeht er wie ein Rauch.

An der Grenze

Mir ist, ich könnte sprechen
Aus einem höhern Geist.
Das Siegel will zerbrechen,
Die Hülle, sie zerreißt.

So wie ein Kindlein stammelt,
Das noch nicht reden kann,
Bin ich schon dicht versammelt,
Bin ich schon nah daran.

Wenn mir das Wort gelänge,
Das ahnend mich erhellt:
In seinem Blitz zerspränge
Die alte, dumpfe Welt!

Die Fahrt nach Engelszell

In Passau, der goldenen Stadt
Verließ ich den Dom,
Verließ ich das orgelbrausende Haus
Und auch die Schenke zum Heiligen Geist,
Die wohl getränkt und gespeist mich hat,
Und ging, über die Innbrück hinaus
Übern grünen Fluß, der wild wirbelnd reißt.
Eine Vorstadt war noch, zwischen Gärten kraus,
Die boten manch duftigen Blumenstrauß
Und scherzten mit gipsernem Reh und Gnom.
So kam ich bis an den Donaustrom.
Den wanderte dann ich einsamer Mann
Mit rüstigen Schritten entlang.

Und blickt ich auf meinen Weg zurück,
Sah ich lang noch ein Stück
Von der geistlichen Stadt
Und drohend darüber am waldigen Hang
Die trotzigen Mauern von Oberhaus
Gewaltig und kühn.

Dann sah ich nichts mehr, denn alles verschlang
Das Grün, das unendliche Grün.
Grüngrau, graugrün ging der Strom mit Braus
In Wirbeln matt und in Wellen glatt
Grüngrau war das zappelnde Pappelblatt,
Das große, zitternde Herz.
Und grünschwarz standen die Erlen schlank
Und die Weiden weißspitzig und grau.
Grünschwarz war das wuchernde Brombeergerank
Zwischen dem Fluß, der dahinschmolz wie Erz
Und der fetten, grastiefen Au.

Die Wiesen, schon junirauh
Verholzt und gebräunt
Waren von Salbei blau: so blau
Hab ich sonst ihn gesehen nie.
Dahinter, mit Stecken eingezäunt,
Auf den Weiden, stand scheckiges Vieh.

Darüber, von beiden Seiten her,
Gingen die Leiten von Wald,
Wo der mächtige Strom sich vor Zeiten quer
Mit Gewalt, mit sanfter Gewalt
Bezwingend der Felsen Gegenwehr
Mit nichts als der Woge, die rann,
Gegraben den klaffenden Spalt
Jahrhunderttausende alt.
Jetzt steht dort der mächtige Tann
Und prächtig, als wär es der Schild zum Speer,
Ein Eichbaum, dann und wann.

Am Himmel zogen die Wolken schwer
Und drohten mit Regenguß.
Mitten im Sommer kam eisiger Hauch
Und oft, von Sonne, ein Schwertschlag grell
Überm kalt hinkochenden Fluß.
Und das Schwalbenvolk flitzte schnell
Mit weißblitzendem Bauch
Und ritzte, das flügelgespitzte, die Well
Mit flüchtigem Kuß.

Hoch in den Lüften ein Geier, gell
Schrie grau in dem grauen Licht.
Zwei Kuckucke riefen, der eine hell,
Der andere dunkel und fern.
Das Sträßlein, nun ging es eingeengt,

Dicht zwischen Felsen und Fluß gezwängt,
Wo droben, mit grämlichem Greisengesicht
Eine Burg die Pechnas herunterhängt:
Die drohte wohl vormals den reisigen Herrn –
Mich störte sie nicht.

Dort rastete just ich, an einem Quell
Bei Stern und Vergißmeinnicht.
Ein Hund lief herzu mit struppigem Fell,
Mit lautem Gebell.
Der blieb nun ein Stück weit mein Weggesell.
Ich hatte ihn gern.

Schon fielen Tropfen, groß und schnell,
Ich kam aus dem Wald,
Das Sträßlein neigte mit leichtem Gefäll
Sich hinunter und drüben lag Oberzell
Verwittert und alt.

Es lag, vom grauen Lichte bestürmt
Mit seiner Stiftskirche, zwiegetürmt,
Mit manchem prächtigen Haus,
Lag unter dem grünen, rauschenden Hang,
Und die Donau, aus dem felsichten Zwang
Rieb sich in rascheren Wirbeln und schwang
Sich mächtig hinaus.

Herüben aber wars grau und still.
Der Wald ging bis an den Fluß.
Der Fährmann schlief tief
In der schwankenden Zill,
Weil keiner ihn rief,
Ihn zu wecken, daß er hinüber muß.
Und auch ich ging vorbei,
Im Herzen bezähmend den halben Entschluß,

Hinüber aus meiner Wüstenei
Zu fahren, zu fröhlichem Bier und Wein,
Und weiter ging ich, in leisem Verdruß,
Bei dem drohenden Guß
So allein auf dem Weg zu sein.

Ich wanderte weiter in lauter Grün,
Das sommerverworren und dicht
Mit Disteln und Kräutern am Wege stand,
Herwuchernd über des Sträßleins Rand
In der Wiesenmulde, die licht
Sich schmiegte an Wald und Felsenwand
Mit bescheidenem Blühn
Und schmalem schwarzsilbernen Ackerland,
Gewonnen in hartem Bemühn.
Ein Schloß erhob sich zur rechten Hand
Schuppig behelmt, im Eisengewand
Raubritterkühn.

Verzaubert war alles; ich ging im Traum
Kein Mensch begegnete mir.
Nur die Wolken, schwer schnaufend,
Wettlaufend schier,
Zogen niedrig im grauen Raum.
Es standen wohl Häuser dort und hier,
Doch waren sie stumm.
Es lud keine Schenke zu Brot und Bier.
Wohl prangten die Gärten in bunter Zier
Blum neben Blum,
Und aus den Ställen, von Roß und Stier
Kam Gescharr und Gebrumm,
Aber zu sehn war kein Kind, kein Tier –
Ich wußte es nicht, warum.
Ich ging des Weges, verwunschen schier,
Und schaute mich auch nicht um –

Nur nach dem spät blühenden Apfelbaum,
Der im Schatten stand, an des Weges Saum
Schwarzkrallig und krumm.

Im Gehen zog ich mein Brot hervor –
Es war ja schon Mittagszeit;
Und hielt den Mund an ein Brunnenrohr
Damit ich im Rasten mich nicht verlor,
Denn der Weg schien noch weit.
Und war es doch nicht; denn eh ichs gedacht,
War Engelhardtszell in Sicht.
In eine grüne Kastaniennacht
Fiel grelles Gewitterlicht,
In weiße, funkelnde Kerzenpracht
Auf ein Kapellchen, das voll Andacht
Mit barockem, krausem Gesicht
Und heiter, vertrauend dem ewigen Heil,
Zum blauenden Himmel sah.

Und dann war des Marktes Häuserzeil
Schon ganz nah, gebaut an die Ufer steil.
Die letzte Meil, die ging ich mit Eil
In dem frohen Gefühl: ich bin da!

Der Markt an der Donau war einmal reich,
Das war noch an Vielem zu sehn.
Jetzt war er behäbig und schäbig zugleich,
Die Gassen verlassen und schmutzig bleich
Und alles ließ lässig sich gehn.

Ein Wirtshaus neben dem andern stund:
Der Adler, die Traube, die Post.
Die Türen klafften mitunter, wie wund,
Die Mauern zeigten den Ziegelgrund
Und standen, gedunsen, ungesund

Wie von zu fleischiger Kost.
Die Schindeldächer taten mir kund,
Gesträubt von Hitze und Frost,
Und die trüben Läden voll Warenhausschund
Des Reichtums und des Biedersinns Schwund
Am alten Heerweg nach Ost.
Doch lustig, verblichen den goldenen Grund,
Knarrten die Schilder im Rost.

Ich schwankte, indem ich die Speisezettel las,
Wohin ich mich wenden müßt.
Und hatt ein Gelüst auf dies und auf das
Und fragte schließlich noch Vetter und Bas,
Wer das bessere Wirtshaus wüßt.
Und folgte dann doch meiner eigenen Nas,
In die Post, noch zaudernden Schuhs:
Ein ungeheurer Metzgerhund
Verwehrte den Eintritt dem Fuß.

In dumpfer Stube von trägem Mund
Erscholl ein grantiger Gruß.
Ich setzte mich still in den Hintergrund,
Wo ein Handwerker saß und aß
Und mich mit mürrischen Augen maß
Aus einem Gesicht voll Ruß.

Die Kellnerin schob sich aus ihrem Eck
Des neuen Gastes nicht froh.
Sie fegte mit ihrem Tuch voll Dreck
Über den Ahorntisch
Und legte ein schmutzig altes Besteck
Zu einem papierenen Wisch.
Und fragte nach meinem Wanderzweck
Vor Neugier ganz plump und roh,
Und es verdroß sie, als ich bloß keck

Die Schultern lüpfte: »Nur so ...«
Und ging wieder weg und brachte das Bier,
Das hell war und bitter und frisch.
Und der Metzgerhund, das riesige Tier,
Lagerte knurrend, mit Zähnegebleck,
Einen Brocken erwartend, bei mir.

Doch aß ich gebratenen Donaufisch –
Was gäb es auch besseres hier,
Wo der Strom, der breite, vorüberfließt,
Als daß man seine Gaben genießt,
Nicht achtend des Hundes Begier.

Nun ging ich schlendernd hin durch den Ort,
Ich schaute mir alles an.
Zur Donau zog es zuerst mich fort:
Das hätt es wohl jeden getan,
Denn sie ist die mächtige Königin dort
Mit leisem Wort und brausendem Wort
Und alles ihr untertan.

Die verwitterten Treppen hinunter, steil
Durch verwahrloste Häuserschlucht,
Wo die Hühner saßen, im Nassen geduckt,
Und die Hähne, mit rotem Kamm
Erzitterten bunt, voller Eifersucht.
Wo aus vergitterten Gärten geil
Die Feuerlilie prunkte, feil
Grellrot, mit manchem schwarzsamtenen Punkt,
Hinunter, wo am gemauerten Damm
Die Donau herschwamm und mit Wirbelwucht
Heraufstieß, wie Wolken, den gärenden Schlamm,
Wo Welle, von schnellerer Welle verschluckt,
Hinschoß, von der Schwalben Pfeil überzuckt

Und das wilde Gebüsch, ins Wasser getunkt
Zitterte, wie am Seil.

Die Häuser, mit ihrer düsteren Front
Schauten in trübem Verfall
Auf den graugrünen, unbesonnt
Rauchenden, siedenden Schwall.
Aber mit ihrer züngelnden Flamm
Hoch schoß die Nessel empor.
Im Hühnergackern und Gockelzorn
Blühte, schier wütend, ein Flor
Von Rotdorn, Schwertlilien und Rittersporn,
Und an den triefenden Zweigen, klamm,
Weil am kühlen Tag es sie fror,
Feucht Flieder hing und Schneeball.

Ich ging entlang den steinernen Wall
Wo an Sommertagen, hellheiß,
Das Dampfschiff sonst landete, weiß
Mit Gelächter und mit Trompetenschall
Auf seiner fröhlichen Reis'
Von Passau nach Linz und in die Wachau
Und in die Kaiserstadt Wien.
Aber heut sah ich nur einen Schleppzug grau
Mühselig stromaufwärts ziehn.
Ein Gärtchen blühte am Steueraufbau,
Und kopftuchbunt stand dort eine Frau,
Die traurig und fremdländisch schien.
Ein Hund, ein Köter, struppig und rauh
Laut kläffend, lief her und hin.

So kam ich über den Ort hinaus
Und betrat eine lachende Flur.
Das Kloster sah ich, das Gotteshaus,
Sonst wenige Häuser nur.

Von der Trappisten schweigendem Fleiß
War allenthalben die Spur.
Sie hatten zum Garten die wilde Natur
In tausendjährigem Fleiß und Schweiß
Gewandelt zu Gottes höherem Preis
Getreu dem entsagenden Schwur.
Weit waren die Felder, wie an der Schnur
Bepflanzt mit Gemüse und Mais.
Und die Glashäuser blitzten und blinkten wie Eis,
Wenn Licht und Wind hinein fuhr.

In all dem grünen und blühnden Gepräng,
Wo die Donau hinausschoß, schnell,
Wieder in Wildnis und Wäldereng
Unter der Wolken schwerem Gehäng,
Da war die begnadete Stell.
Und als ich eintrat, über die Schwell,
Da wars, als ob alles zerspräng,
Als ob der Himmel herunter sich schwäng
Buntfarbig und golden hell,
Und brausend von der Verklärten Gedräng
Mit Chören der andern Welt mich empfäng
Die Kirche von Engelszell.

Inhaltsverzeichnis

Die Dinge die unendlich uns umkreisen (1918)

Die Fahrt	7	*Gotischer Dom*	
Die Verwehten	8		
Heimweg	9		
Die Stadt	10	Am Morgen	26
Die Brücke	11	Am Mittag	27
Vorfrühling	12	Am Abend	28
Nebliger Abend	13	Regnerischer Herbsttag	29
In diesen Nächten ...	14	Der Turm	30
Heimgang im Frühlingsmorgen	15	Romantische Pforte	31
Stadt ohne Dich	16	Der steinerne Heilige spricht	32
Nächtlicher Weg	17	Das Licht	33
Du wirst ...	18	Der Bau	34
Schon sind ...	18	Nachtwache	35
Und es ist ...	19	Der Anfang	36
Da ich mich ...	19	Verbrüderung	37
Die Demut ...	20		
Die Dinge ...	20		
Die Glühenden	21	*Stimmen der Menschen*	
Frau am Fenster	22		
Nächtliche Zwiesprache	23		
Abend	24	Gesang der Jünglinge	38
Die Welle	25	Gesang der Frauen	39

Erde der Versöhnung Stern (1921)

Du bist ...	43	*Alle Wege ...*	48
Immer steht ...	44	*Ich geh ...*	49
So wie ein ...	45	*Muß es so ...*	50
Deine Stirne ...	46	*Es braust ...*	51
Einst geh ich ...	47	*Ich neige ...*	52

Steige herab ...	53	Nun ruhe ...	82
Vergebens ...	54	Stürze ...	83
Fahre mit ...	55	Nun ward ...	85
Worte ...	56	Du neigst ...	86
Deine rauschende ...	57	Erde der ...	88
Auch an ...	58	Euch sehe ich ...	89
Die Nacht ...	59	Oh schauet ...	90
Schwebt ...	60	Die Seher ...	91
Wolken ...	61	Gib meiner Hand ...	92
Ein Fluß ...	62	Ich bin ...	93
Der sanfte Hügel ...	63	Weh diesen ...	94
Ich kniee hin ...	64	Noch stehst ...	95
Meergrüne ...	66	Schient Ihr ...	96
Neigt sich ...	68	Du bist voll ...	97
Dein Weg geht ...	69	Ganz allein ...	98
Wenn Du ...	70	Freund ...	100
Gleich einem Fluß ...	71	Lang schon ...	101
Steigende sind ...	72	Ich bin der ...	103
Nicht ist ...	73	Wer Tränen ...	104
Gesang der Toten	74	So wie ein ...	105
Frauen ...	75	Freunde ...	106
Es ist noch ...	76	Musik ...	107
Ihr die Ihr ...	77	Des dunklen ...	108
Steinern ...	78	Der Himmel ...	109
Ich fiel ...	79	Es steht ...	110
Meine Seele ...	80	Verlösche ...	111
Ich stehe ...	81		

Der Ruf (1922)

Noch zerrt ...	115	Du Volk ...	122
Die Regimenter ...	116		
Wir tauchten ...	117		
Der Regen fetzt ...	118	Die Zeit	
Nacht ...	119		
Der Regen floß ...	120	Wie Adern ...	123
Ja wir ...	121	Wie schien ...	124

Aus grauen ...	125	*Wir müssen* ...	144
Wer wankend ...	126	*Ja, einmal* ...	145
Die Städte ...	127	*Noch ist der* ...	146
Vor einer Dirne ...	128		
Gib Demut ...	129		
Wer hörte ...	130		

Das Gerüst

		Wir überschütteten ...	147
		Schon ist ...	148
		Nun ist ...	149

Deutschland

So wie ein ...	131	*Wir sind* ...	150
Dir bleibt ...	132	*Eh wir* ...	151
Die grauen Geier ...	133	*Daß unser* ...	152
Blick auf ...	134	*Die Menschheit* ...	153
Ich höre ...	135	*Am siebten Tage* ...	154
Mein deutsches ...	136		
Vertrau ...	137		
Mein Volk ...	138		

Das Gesicht

		Die suchen ...	155
		Was wir ...	156
		Gewandert ...	157

Der Ruf

		Die große Eiche ...	158
Ich bin ...	139	*Der Himmel* ...	159
Des dunklen ...	140	*Es steht* ...	160
Wer Tränen ...	141	*Der Herr* ...	161
Musik ...	142	*Er wird* ...	162
Freunde ...	143		

Monde und Tage (1930)

Nachtmusik	165	Hochgebirg	172
Monde und Tage	166	Um vier Uhr früh	173
Der Stern	167	Der Gletscher	174
Nacht	168	Bergfriedhof	175
Die Kranken	169	Der Mond	176
Vor dem Gewitter	170	März	177
Bei Sonnenuntergang	171	Oktober	178

Reiner Novembertag	179	Unter Sternen	201
Nach dem Regen	180	Letzte Nacht	202
Regentag	181	Die junge Geliebte	203
Vorfrühling	182	Einer Frau	204
Einsam	183	Der Geist	205
Auf der Landstraße	184	Die Liebende	206
Nach dem Gewitter	185	Entsagung	207
An eine tote Schlange	186	Der steinerne Brunnen	208
Sinkende Nacht	187	Der Ungetreue	209
Im Vergleiten	188	Taumel	210
Zerbruch	189	Liebesspruch	211
Schwere Nacht	190	Versöhnung	212
Bekenntnis	191	Die schöne Nacht	213
Später Weg	192	Müde	214
Glück	193	Gruß	215
Tränen	194	Wir ziehn vorbei ...	216
Verhängnis	195	Gebet	217
Erinnerung	196	Warten	218
Morgenglück	197	Unser Geschlecht	219
Ein Erwachen	198	Spruch	220
Die Verlassene	199	Schwermut	221
Abschied	200	Still	222

Traum des Jahres (1937)

Nächtliche Stadt	225	Erste Bienen	238
Regen in Vicenza	226	Mai im Gras	239
März	228	Der dich tötet	240
Wechselnder Tag	229	Heimgang	241
Frühlingsnacht	230	Bayerisches Land	242
Erste Grille	231	Juniwiesen	243
Sprossendes Grün	232	Vor der Mahd	245
Am Kirchhof	233	Nächtlicher Weg	246
Im April	234	Fahrt über Land	247
Kurzer Hagelschauer	235	Der Kirchhof	249
Traum und Gedanke	236	Kleiner Krieg	250
Im Mai	237	Schwüle Stunde	251

Gemälde	252	Blick aus dem Fenster	278
Mondnacht	253	Späte Liebe	279
Der Falter	254	Der Springbrunnen	281
In der Frühe	255	Abschied	285
Auf dem Berge	256	Fremde Hochzeit	286
Stille Landschaft	257	Erinnerung	287
Im Sommer	258	Spätherbst	288
Rasches Jahr	259	Zerfallenes Schloß	289
Der Fluß	260	Quartett	290
Im August	261	Im Herbstnebel	291
Der Bach	262	Die Verlassene	292
In Sommergluten	263	Nach vielen Jahren	293
Vor dem Gewitter	264	Gute Stunde	294
Nachtwanderung	265	Lied der Welt	295
Klage	266	Das Leben	296
Der Wassermann	267	An eine Frau	297
In der Klamm	268	Trübe Gäste	298
Weiden am Weg	270	Winters	299
Sommerfrühe	271	Regennacht	300
Kalter Augustmorgen	273	Der Stern	301
Im Herbst	274	Reiner Tag	302
Der Garten	275	Einsamer Zecher	303
Landschaft	276	Vorwinter	304
Opfer	277		

Rose und Nessel (1951)

Aufbruch	307	Maigewitter	319
Weg im Februar	308	Grüne Zeit	320
Märzhimmel	309	Nächtlicher Fensterblick	321
Auftauende Landstraße	310	Im Regen	322
Vor Ostern	313	Regenlied	323
Erinnerung	314	Badende Buben	324
Blick auf die Straße	315	Frühlings-Sonntag	328
März	316	Bäume	329
Frühling im Kriege	317	Auf dem Turm	330
Nach vielen Jahren ...	318	Um Johanni	331

Der Lagerplatz	332	Schöner Septembertag	358
Hochsommerfrühe	333	Letzter Herbsttag	359
Im Grase	334	Gleichnis	360
Augustmorgen	335	Herbstfeier	361
Die Kröte	336	Bückeburger Schloß-	
Hahnenschrei	338	garten	362
Im August	339	Am Friedensengel	363
Sommer-Mittag	340	Landschaft	364
Wanderung	341	Die Raben	365
Nacht im Bauernhaus	343	Im Dezember	366
Ein Sommertag	344	Vor Weihnachten	367
Trüber Tag im Gebirg	345	Winterlicher Weg	368
Sehr heißer Tag	346	Blumen im Krieg	369
Die Rose	347	Schwäbische Schenke	370
Spätsommer am Inn	348	Trost	371
Der Regentag	349	Nachts	372
Stiller Spätsommer	350	Rückblick	373
Nachts im Dorf	351	Der Tod	374
Langdauernder Sommer	352	Der Engel	375
Der Herbst	353	Bitte	376
Herbstanfang	354	Beim Wein	377
Im Herbstgarten	355	An der Grenze	378
Septembermorgen	356	Die Fahrt nach Engels-	
Mondaufgang	357	zell	379

Die Gedichte aus den Bänden »Die Dinge, die unendlich uns umkreisen« und »Erde der Versöhnung Stern«, die Eugen Roth in den späteren Band »Monde und Tage« wieder aufgenommen hatte, wurden in dieser Ausgabe der Sämtlichen Werke in der Abteilung »Monde und Tage« weggelassen.